**Влада Пенлінгтон**

**УКРАЇНСЬКА МОВА ДІТКАМ. РОБОЧИЙ ЗОШИТ**

# БОЗІЛ

**Vlada Penlington**

**BASIL. UKRAINIAN FOR CHILDREN. ACTIVITY BOOK**

# АБЕТКА

Аа Бб Вв Гг Ґґ

Дд Ее Єє Жж Зз

Ии Іі Її Йй Кк

Лл Мм Нн Оо Пп

Рр Сс Тт Уу Фф

Хх Цц Чч Шш Щщ

Ьь Юю Яя

# ЗМІСТ

Базіл. Українська мова діткам. Робочий зошит

| | | |
|---|---|---|
| **Урок 1.** | Буква А. Цифри 0, 1, 2, 3 | 4–5 |
| **Урок 2.** | Буква М. Цифри 4, 5 | 6–7 |
| **Урок 3.** | Буква О. Цифра 6 | 8–9 |
| **Урок 4.** | Буква К. Цифра 7 | 10–11 |
| **Урок 5.** | Буква У. Цифра 8 | 12–13 |
| **Урок 6.** | Буква С. Цифра 9 | 14–15 |
| **Урок 7.** | Буква Х. Число 10 | 16–17 |
| **Урок 8.** | Буква И. Число 11 | 18–19 |
| **Урок 9.** | Буква Т. Число 12 | 20–21 |
| **Урок 10.** | Буква І. Число 13 | 22–23 |
| **Урок 11.** | Буква Ш. Число 14 | 24–25 |
| **Урок 12.** | Буква Р. Число 15 | 26–27 |
| **Урок 13.** | Буква П. Число 16 | 28–29 |
| **Урок 14.** | Буква Н. Число 17 | 30–31 |
| **Урок 15.** | Буква Л. Число 18 | 32–33 |
| **Урок 16.** | Буква В. Число 19 | 34–35 |
| **Урок 17.** | Буква Е. Число 20 | 36–37 |
| **Урок 18.** | Буква Д. Числа 20–25 | 38–39 |
| **Урок 19.** | Буква Б. Числа 25–30 | 40–41 |
| **Урок 20.** | Буква Ж. Числа 30–35 | 42–43 |
| **Урок 21.** | Буква З. Числа 35–40 | 44–45 |
| **Урок 22.** | Буква Г. Числа 40–45 | 46–47 |
| **Урок 23.** | Буква Ц. Числа 45–50 | 48–49 |
| **Урок 24.** | Буква Я. Числа 50–55 | 50–51 |
| **Урок 25.** | Буква Ф. Числа 55–60 | 52–53 |
| **Урок 26.** | Буква Є. Числа 60–65 | 54–55 |
| **Урок 27.** | Буква Ч. Числа 65–70 | 56–57 |
| **Урок 28.** | Буква Ї. Числа 70–75 | 58–59 |
| **Урок 29.** | Буква Й. Числа 75–80 | 60–61 |
| **Урок 30.** | Буква Ю. Числа 80–85 | 62–63 |
| **Урок 31.** | Буква Ґ. Числа 85–90 | 64–65 |
| **Урок 32.** | Буква Щ. Числа 90–95 | 66–67 |
| **Урок 33.** | Буква Ь. Числа 95–100 | 68–69 |
| **Урок 34.** | Апостроф | 70–71 |

# УРОК 1

Базіл. Українська мова діткам. Робочий зошит

Наведи пунктирні лінії.

Напиши букву **А**.

# УРОК 1

Базіл. Українська мова діткам. Робочий зошит

 Читай великі букви голосно, а маленькі – тихо.

AAAA aaaa AAA aa AAAA a A aaaaa AA aaa

 Порахуй до **3**. Наведи цифри, потім напиши їх.

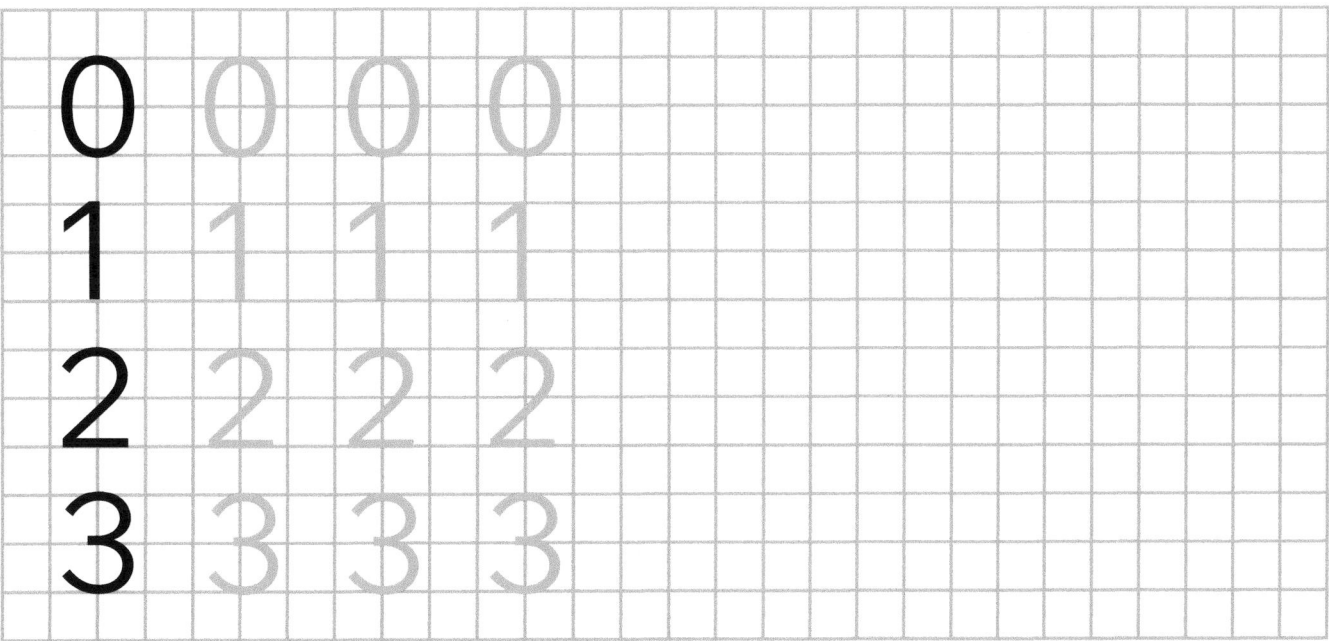

 Знайди букви **А**. Розфарбуй листочки з буквами **А** червоним.
Порахуй, скільки букв **А** великих і букв **а** маленьких вдалося знайти. Напиши.

Великих **А**

Маленьких **а**

# УРОК 2

Базіл. Українська мова діткам. Робочий зошит

Наведи пунктирні лінії.

Напиши букву **М**.

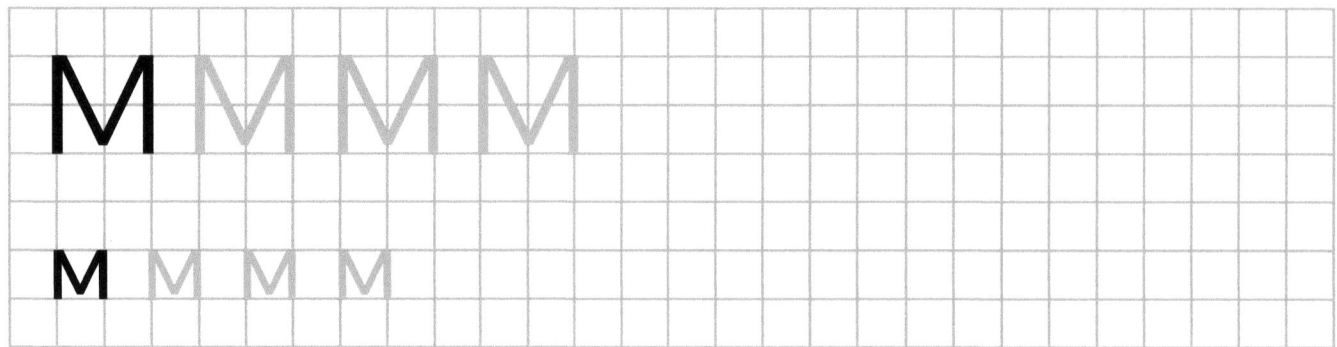

# УРОК 2

Базіл. Українська мова діткам. Робочий зошит

 Назви членів родини. Скільки котиків на кожній картині?

 Напиши тричі слово **МАМА**.

# МÁМА _____    _____    _____

 Напиши.

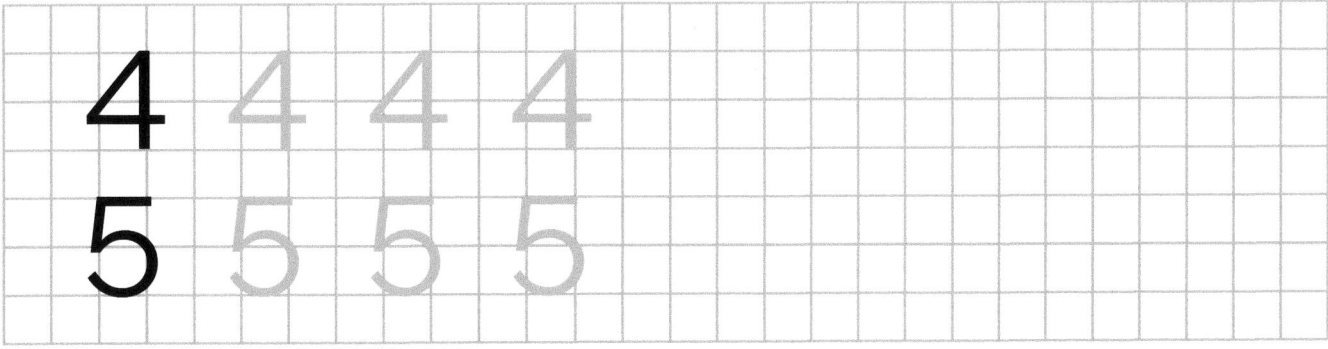

7

# УРОК 3

Базіл. Українська мова діткам. Робочий зошит

 **Будь ласка**, наведи пунктирні лінії.

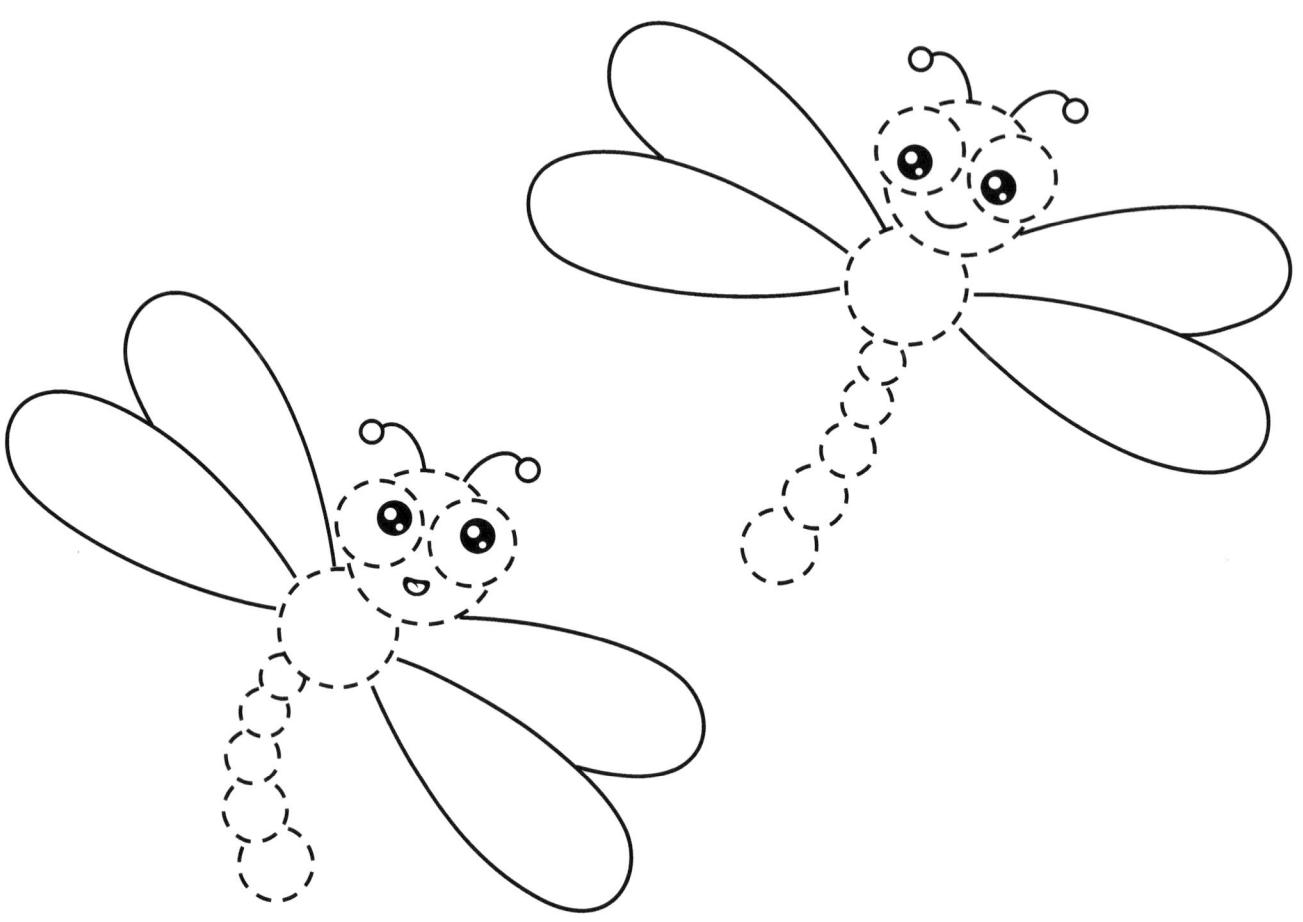

 **Будь ласка**, напиши букву **О**.

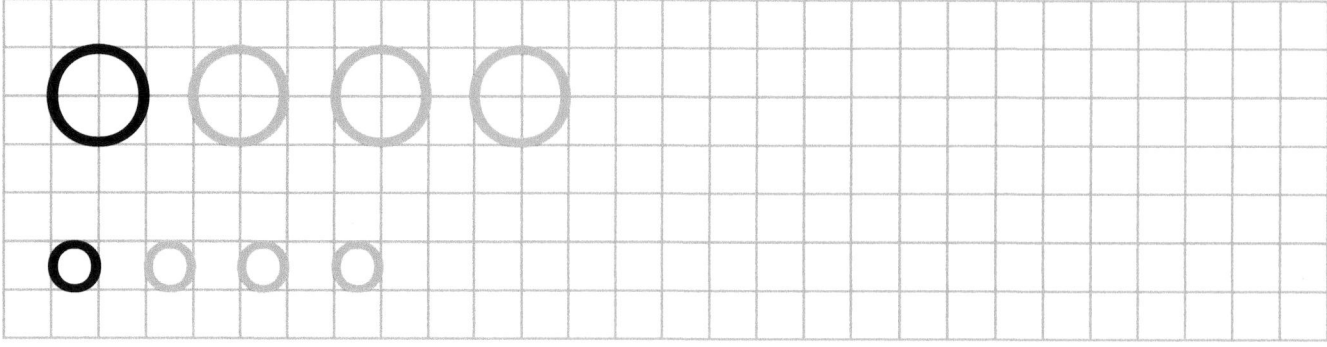

# УРОК 3

Базіл. Українська мова діткам. Робочий зошит

🐾 Допиши букву **А**. Прочитай.   М___   ___М

🐾 Допиши букву **О**. Прочитай.   М___   ___М

🐾 **Будь ласка**, наведи цифру, а потім напиши її.

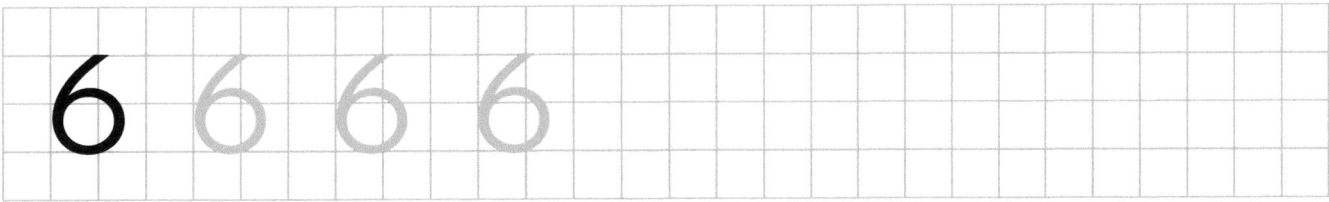

🐾 Скільки окулярів тобі вдалося знайти? ____

# УРОК 4

Базіл. Українська мова діткам. Робочий зошит

 Наведи пунктирні лінії.

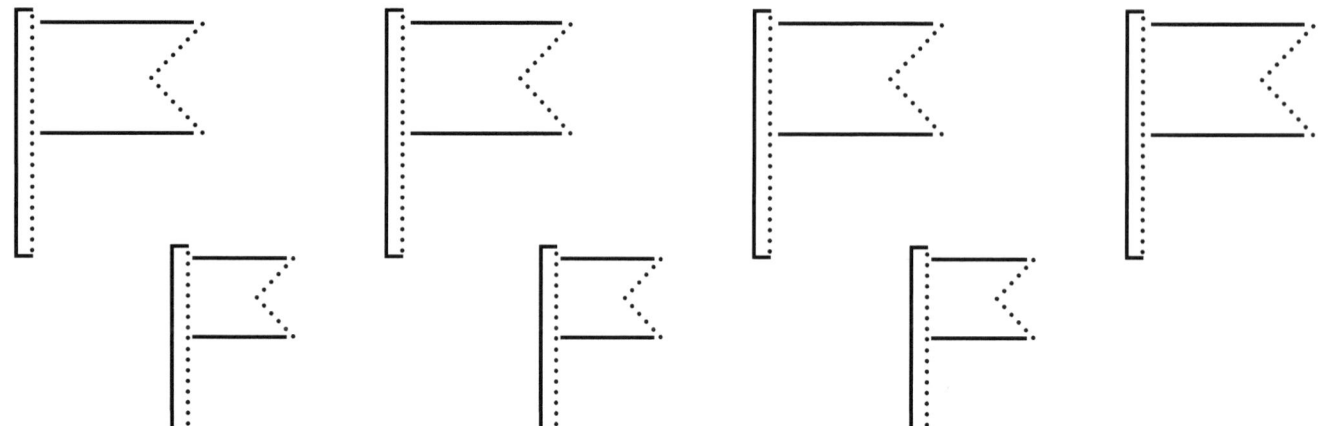

 Напиши букву **К**.

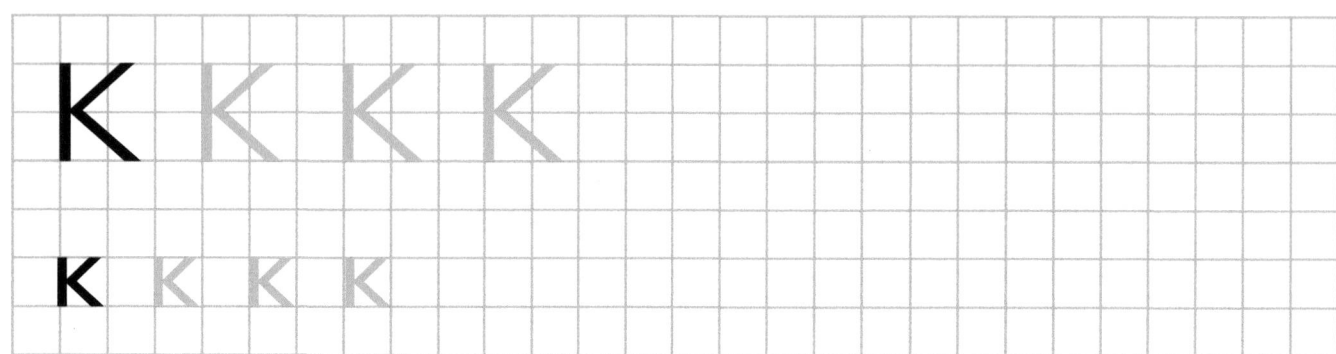

 Перепиши.

**КА КО** _____

**АК ОК** _____

# УРОК 4

Базіл. Українська мова діткам. Робочий зошит

 З якої букви починаються слова?

 Наведи цифру, а потім напиши її.

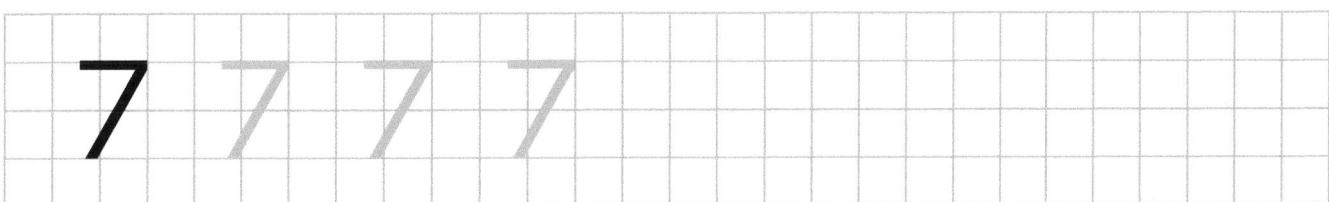

 Порахуй.

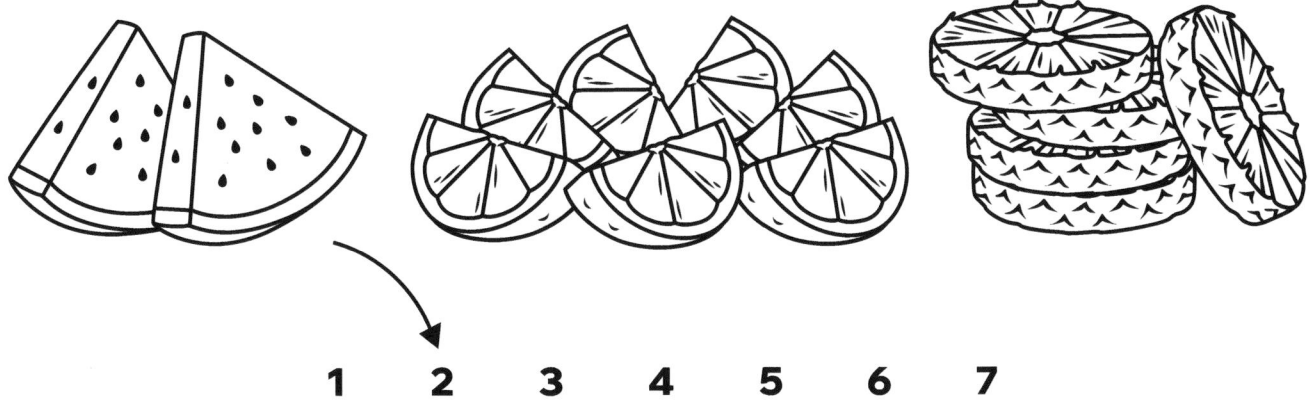

1   2   3   4   5   6   7

# УРОК 5

Базіл. Українська мова діткам. Робочий зошит

 Наведи всі лінії **зеленим**. Розфарбуй листочки **жовтим**.

 Напиши букву У.

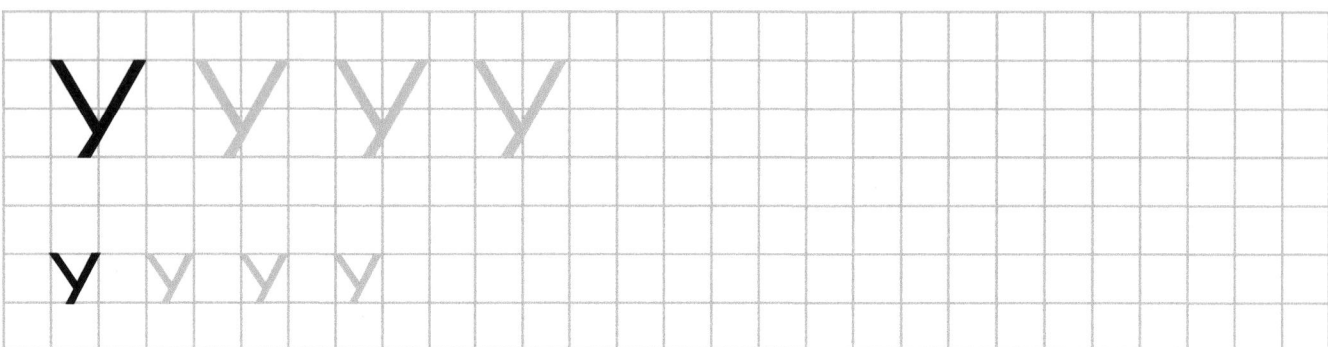

 Перепиши і прочитай.

**МУ КУ** _____

**УМ УК** _____

# УРОК 5

Базіл. Українська мова діткам. Робочий зошит

🐾 Напиши, хто як каже. Прочитай написане **повільно**, а потім **швидко**.

🐾 Встав пропущені букви.

_ _ Р _ ЇН _

🐾 Наведи цифру, а потім напиши її.

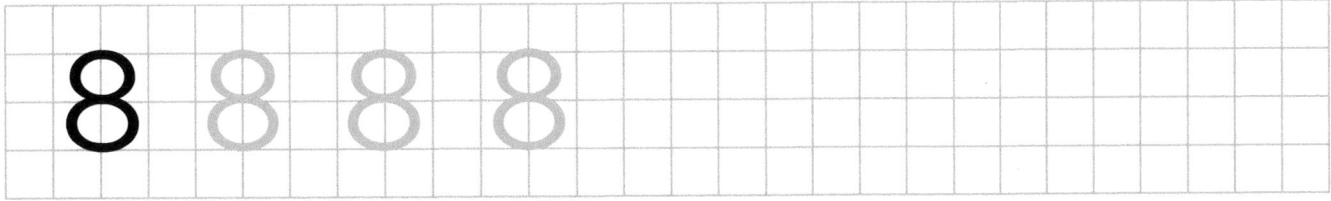

🐾 Порахуй сердечка на мапі. Скільки вийшло? _____

# УРОК 6

Базіл. Українська мова діткам. Робочий зошит

🐾 Наведи пунктирні лінії.

🐾 Напиши букву **С**.

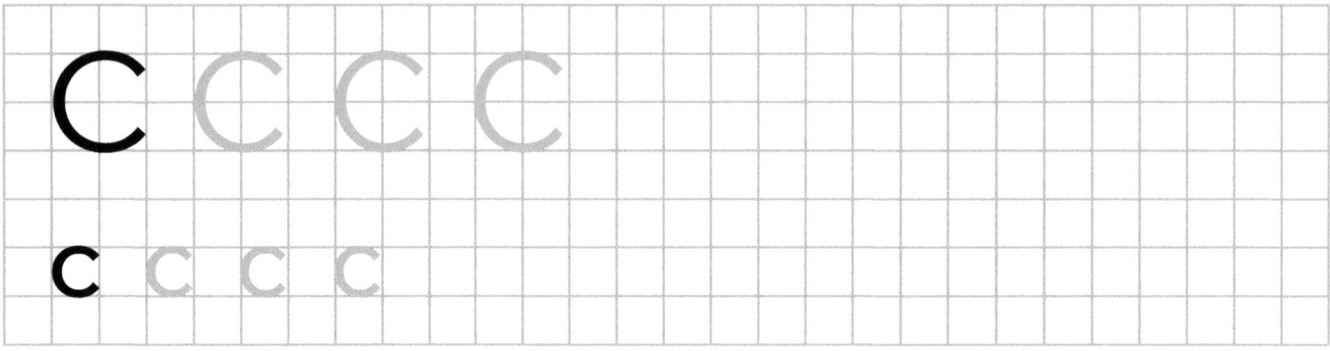

🐾 Перепиши і прочитай.

**СА  СО  СУ** _____

**АС  ОС  УС** _____

# УРОК 6

Базіл. Українська мова діткам. Робочий зошит

 Що у кого? Познач стрілочкою.

 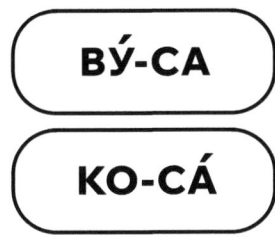 

 Підпиши рисунки.

_____    _____    _____

 Напиши.

 Напиши цифри від **1** до **9**.

15

# УРОК 7

Базіл. Українська мова діткам. Робочий зошит

 Наведи хрестики **чорним** олівцем.

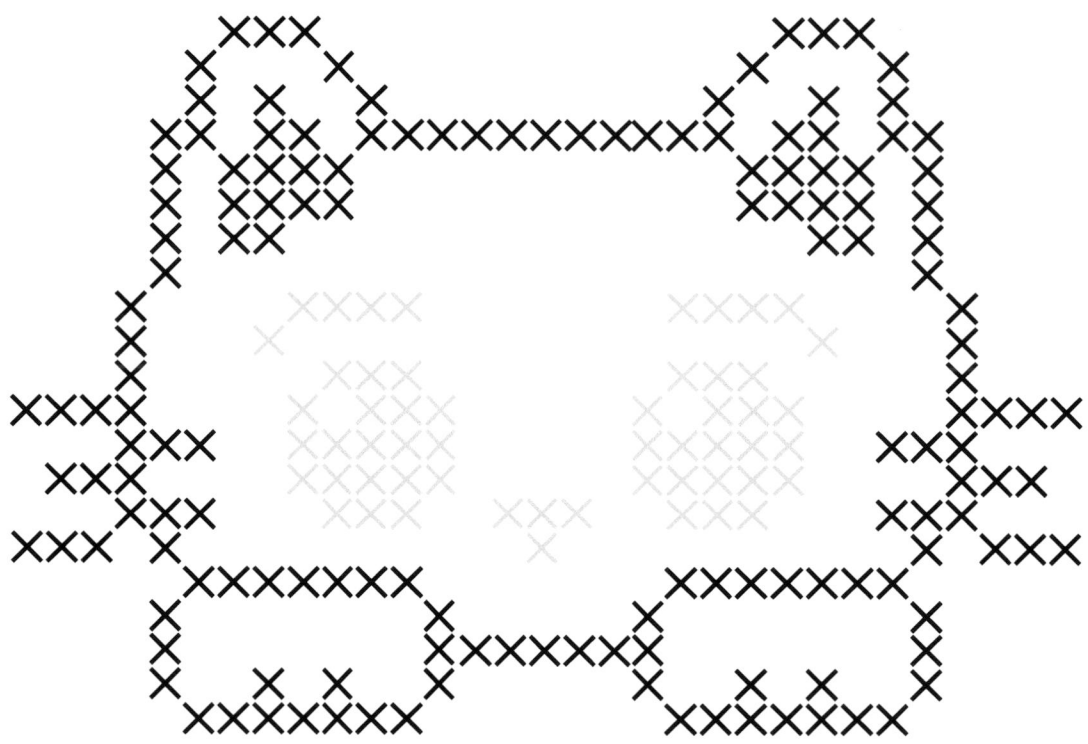

 Напиши букву **Х**.

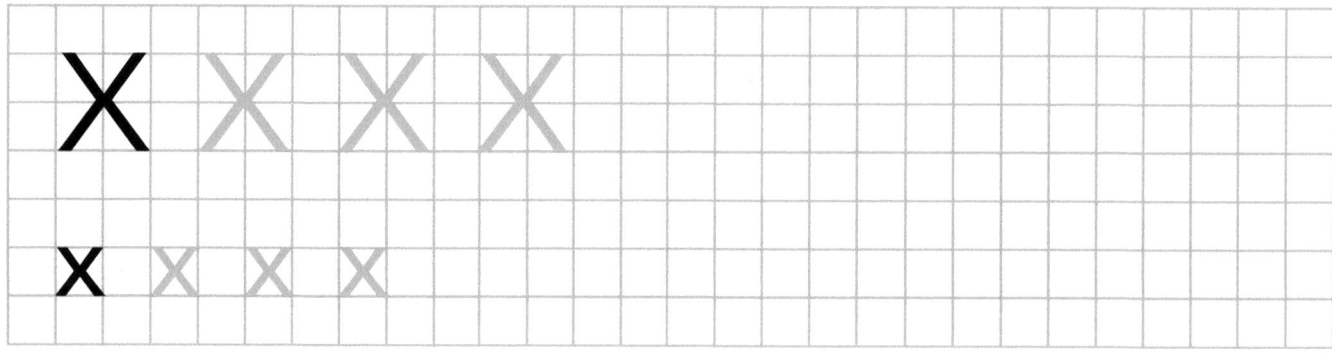

 Перепиши.

# МУ́ХА

# КОМА́ХА

# УРОК 7

Базіл. Українська мова діткам. Робочий зошит

 Впиши букву **Х** і прочитай.

 Напиши.

 Порахуй, скільки морквин у першому рядку, а скільки у другому. А всього? _____

# УРОК 8

Базіл. Українська мова діткам. Робочий зошит

🐾 Наведи пунктирні лінії.

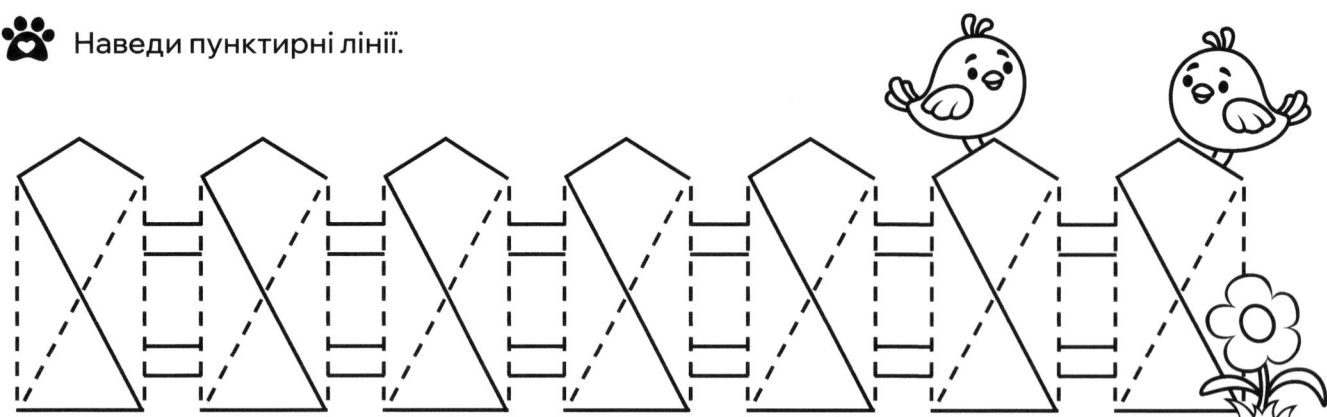

🐾 Напиши букву **И**.

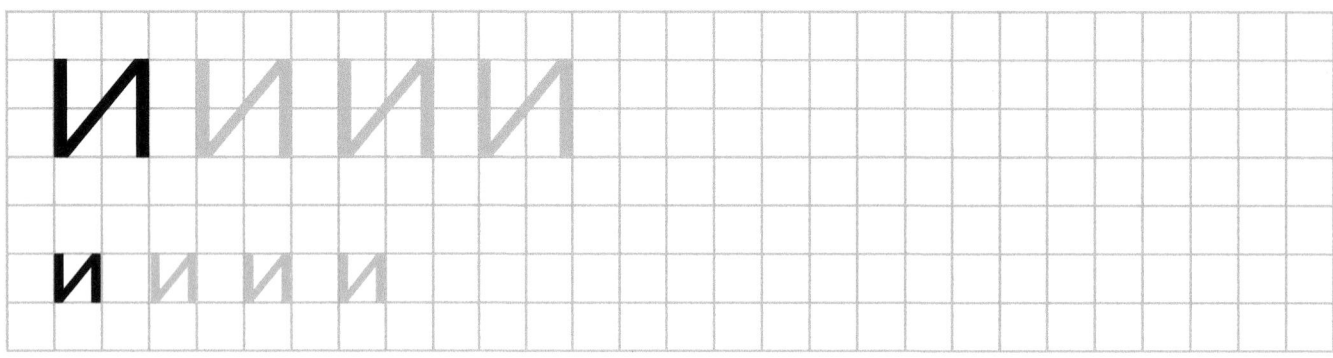

🐾 Наведи слова.

🐾 Прочитай.

**МИ    МАК    СОМ    МОХ    ХО-МА́**

**МА́С-КА    СУ́М-КА**

# УРОК 8

Базіл. Українська мова діткам. Робочий зошит

🐾 Напиши, хто це. Порахуй усіх комах окремо і разом. _____

_____        _____

🐾 Напиши.

🐾 Знайди букви **И** і обведи їх **червоним** олівцем. Скільки букв **И** вдалося знайти?

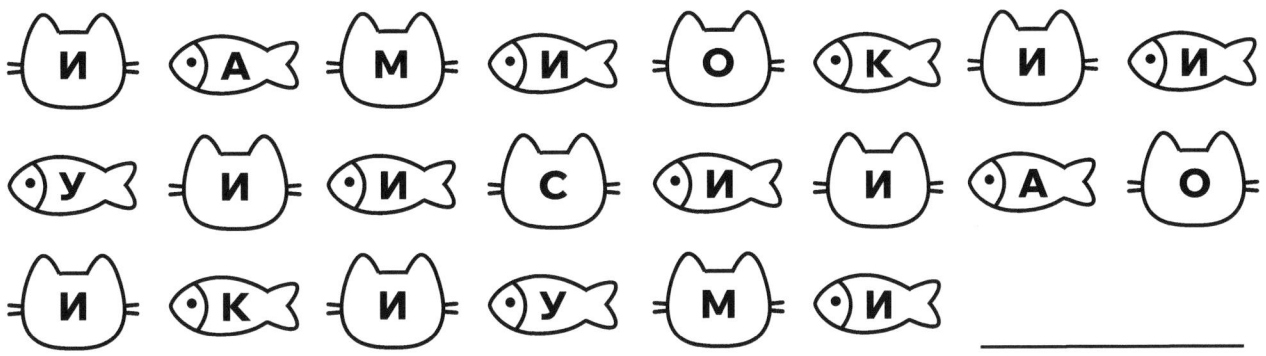

# УРОК 9

Базіл. Українська мова діткам. Робочий зошит

 Наведи пунктирні лінії.

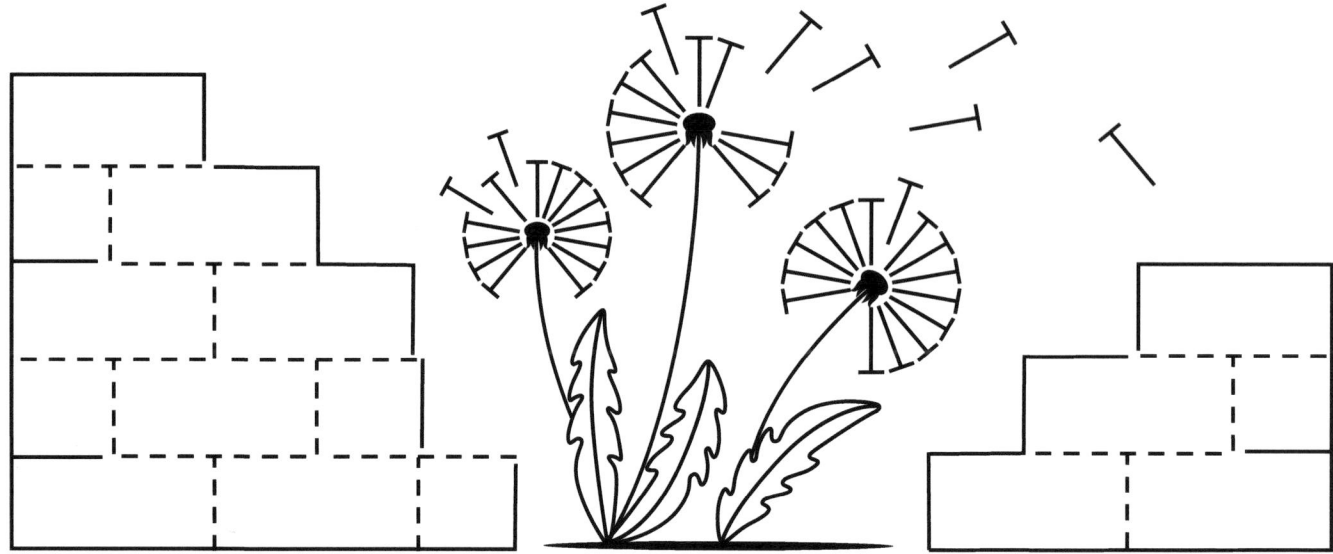

 Напиши букву **Т**.

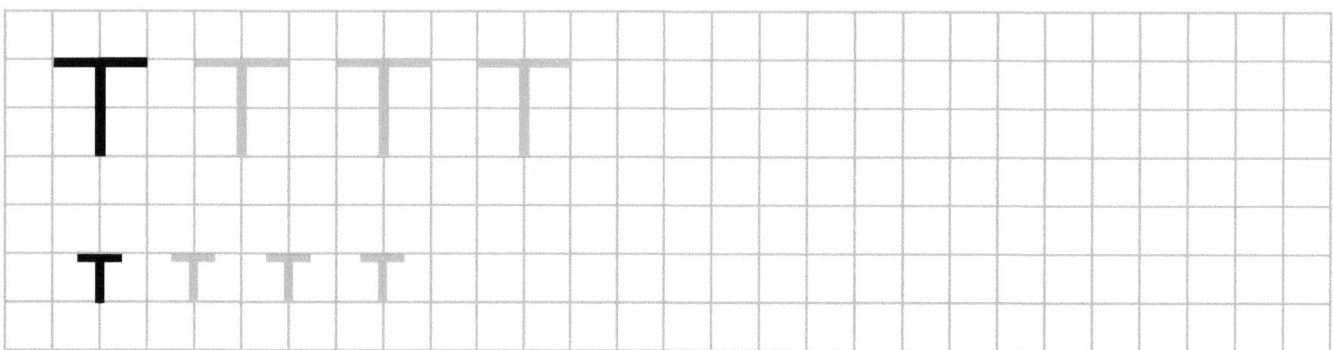

 Перепиши слова.

**ТАК-ТАК** _____

**ТУК-ТУК** _____

# УРОК 9

 Прочитай.

КИТ ТАМ.

А КО́-ТИК ТУТ.

 Напиши.

**12**  12  12  12

 Намалюй крапочки на доміно.

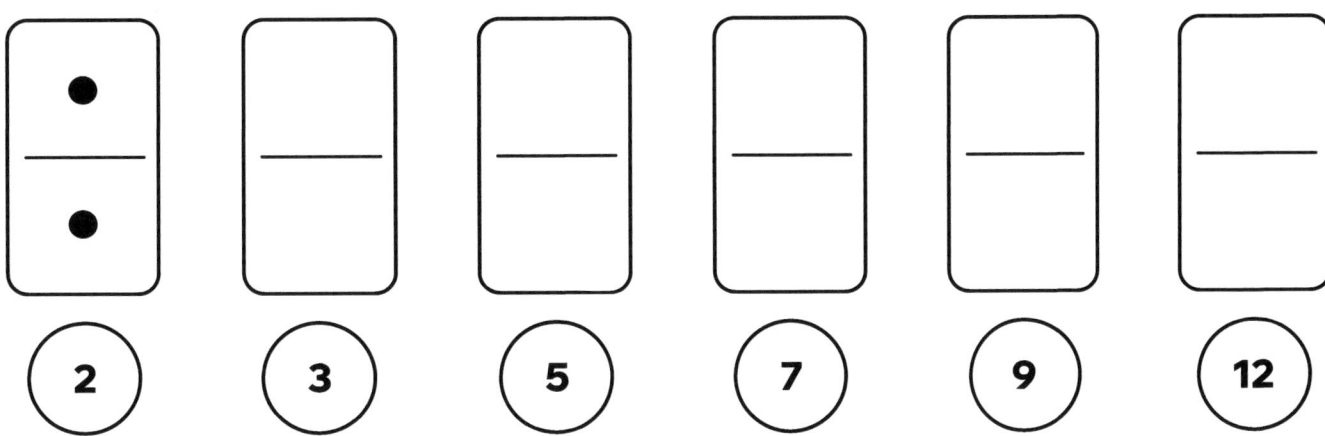

2   3   5   7   9   12

# УРОК 10

Базіл. Українська мова діткам. Робочий зошит

 Наведи пунктирні лінії.

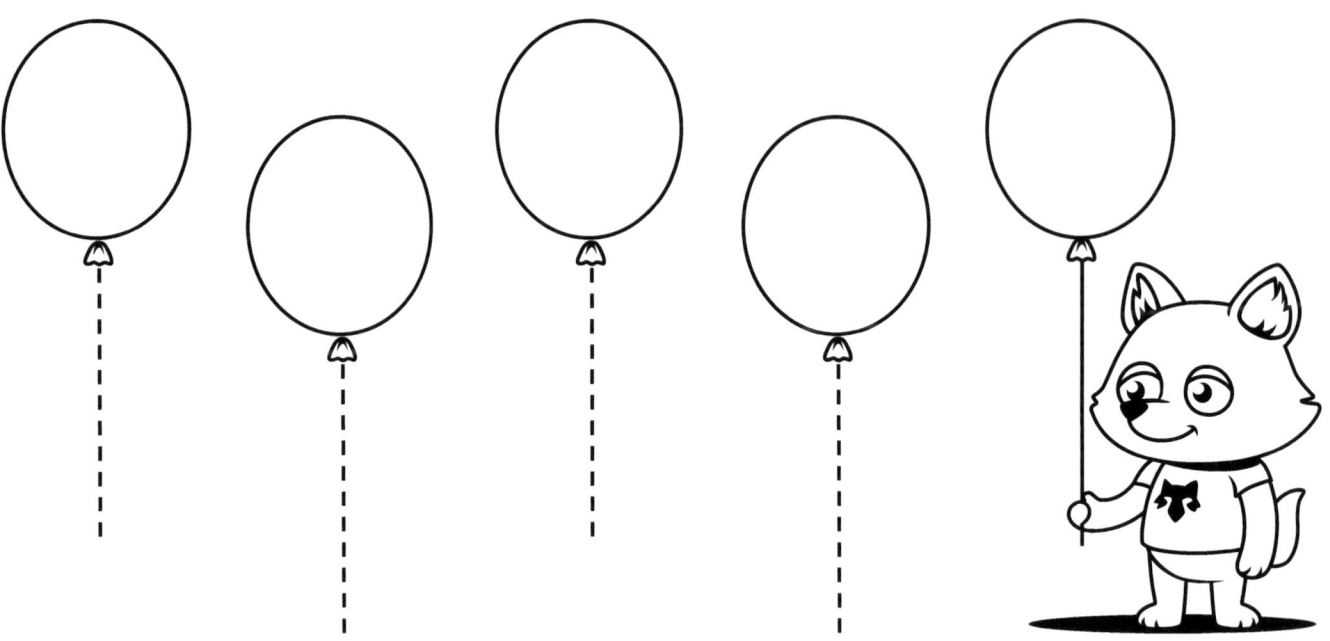

 Напиши букву **І**.

 Прочитай голосно великі букви і тихо – маленькі.

**ХО-ХО-ХО** хі-хі-хі **ХА-ХА-ХА** хи-хи-хи **ХА-ХА-ХА** хі-хі хи-хи

# УРОК 10

Базіл. Українська мова діткам. Робочий зошит

 Наведи слова **фіолетовим** олівцем.

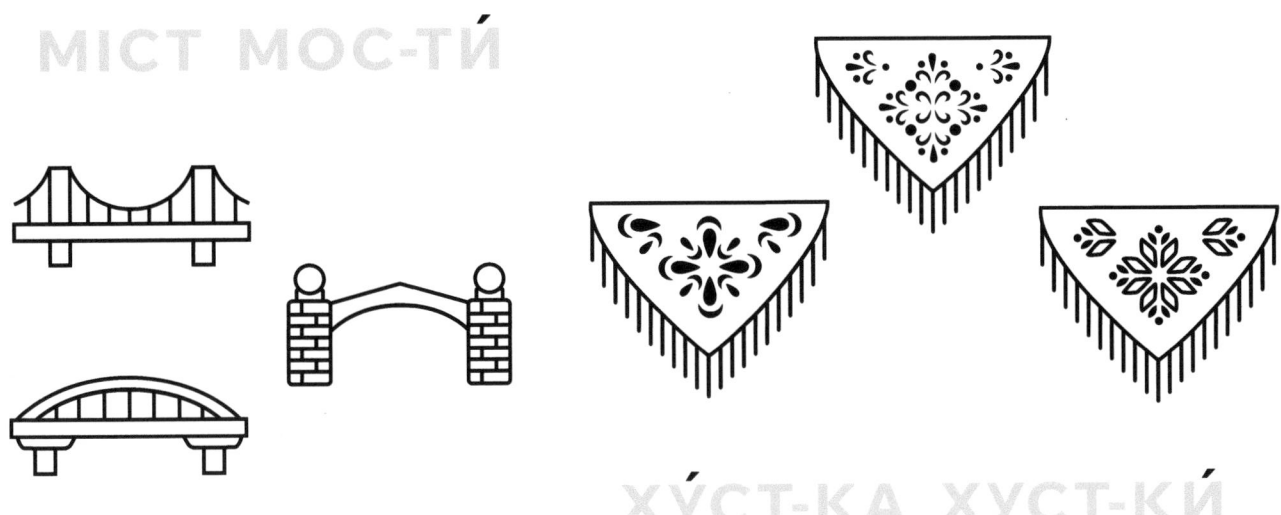

 Напиши.

 Порахуй, скільки шашок на таксі.

# УРОК 11

Базіл. Українська мова діткам. Робочий зошит

 Наведи пунктирні лінії.

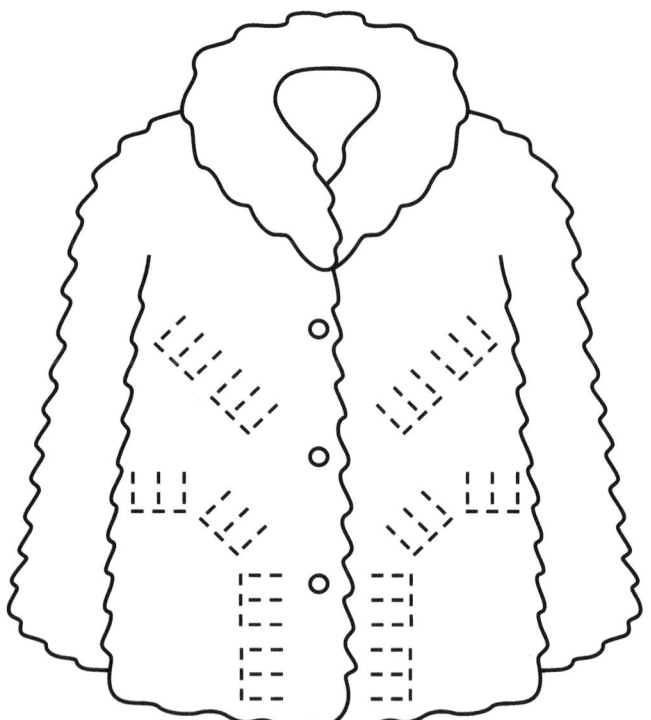
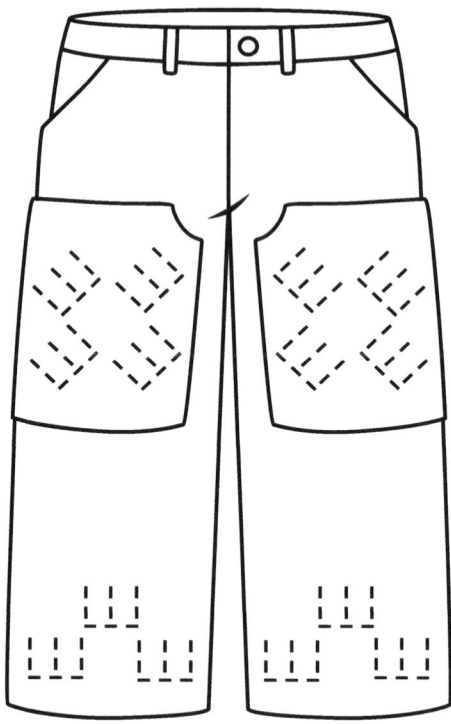

 Напиши букву **Ш**.

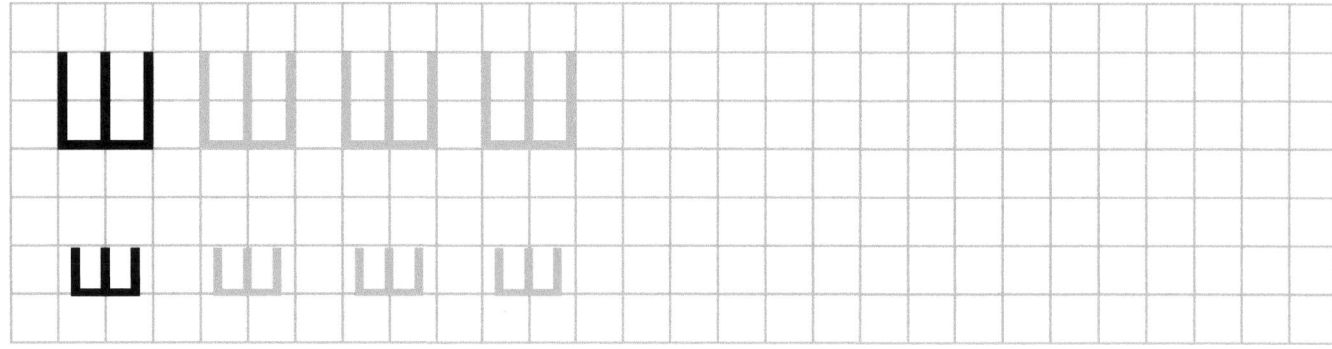

 Прочитай.

## ША́П-КА   ШО́Р-ТИ   ХУ́СТ-КА   КАШ-КЕ́Т

# УРОК 11

Базіл. Українська мова діткам. Робочий зошит

Підпиши рисунки.

_____   _____   _____

Що проковтнули акули? Порахуй букви в усіх словах. Скільки вийшло?

Напиши.

# УРОК 12

Базіл. Українська мова діткам. Робочий зошит

 Наведи пунктирні лінії.

 Напиши букву **Р**.

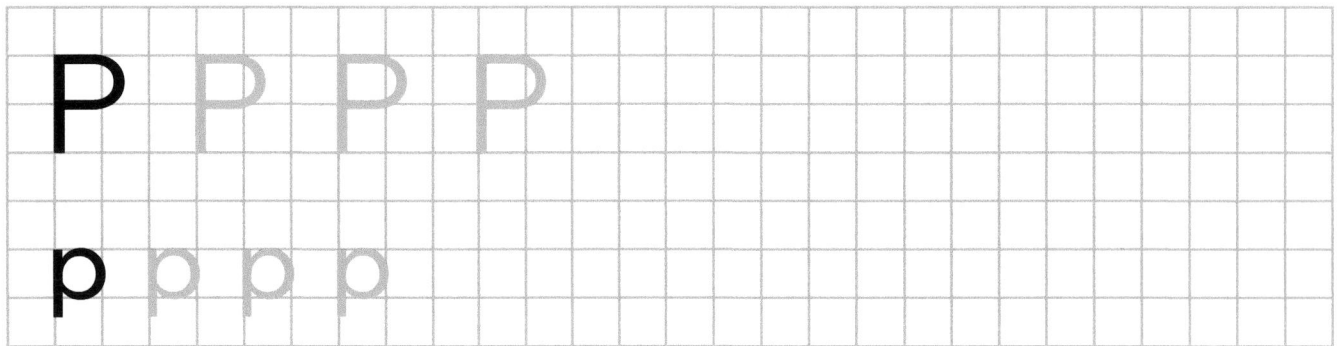

 Напиши всі вивчені букви.

# УРОК 12

Базіл. Українська мова діткам. Робочий зошит

 Напиши, як кажуть ґава, тигр і свинка.

 Перестав букви і підпиши рисунки.

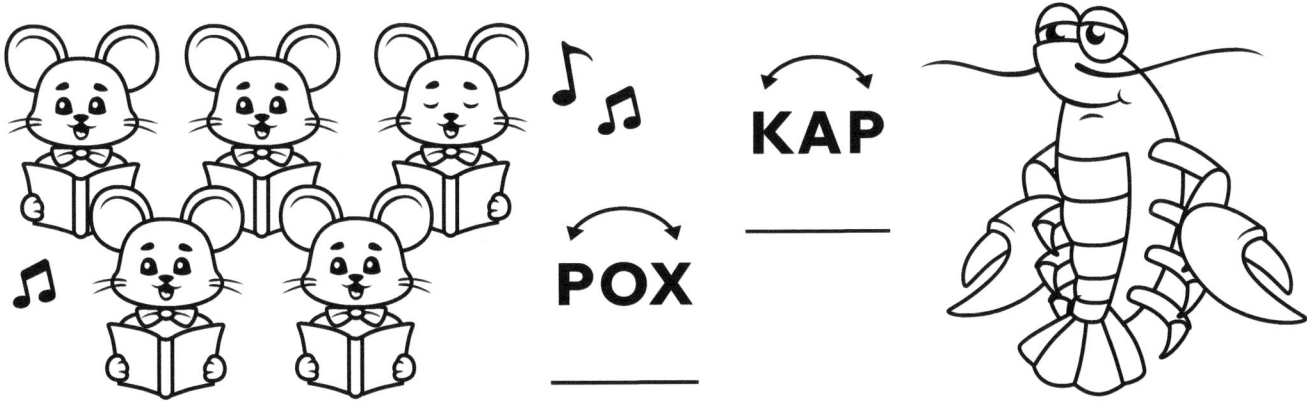

 Напиши.

# УРОК 13

Базіл. Українська мова діткам. Робочий зошит

 Проведи Базіла до Алі.

 Напиши букву **П**.

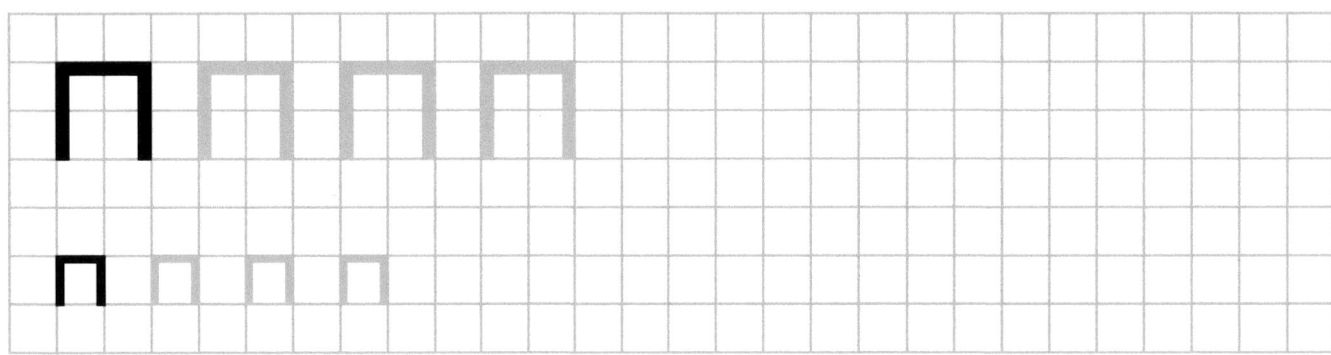

 Перепиши слова.

## спи́сок _____

## писа́ти _____

# УРОК 13

Базіл. Українська мова діткам. Робочий зошит

🐾 Впиши початкову букву. Що означають ці слова?

__ АРК          __ РА́-ПОР          __ А-ПІ́Р

🐾 Намалюй, які **ПО-КУ́П-КИ** робить Базіл.

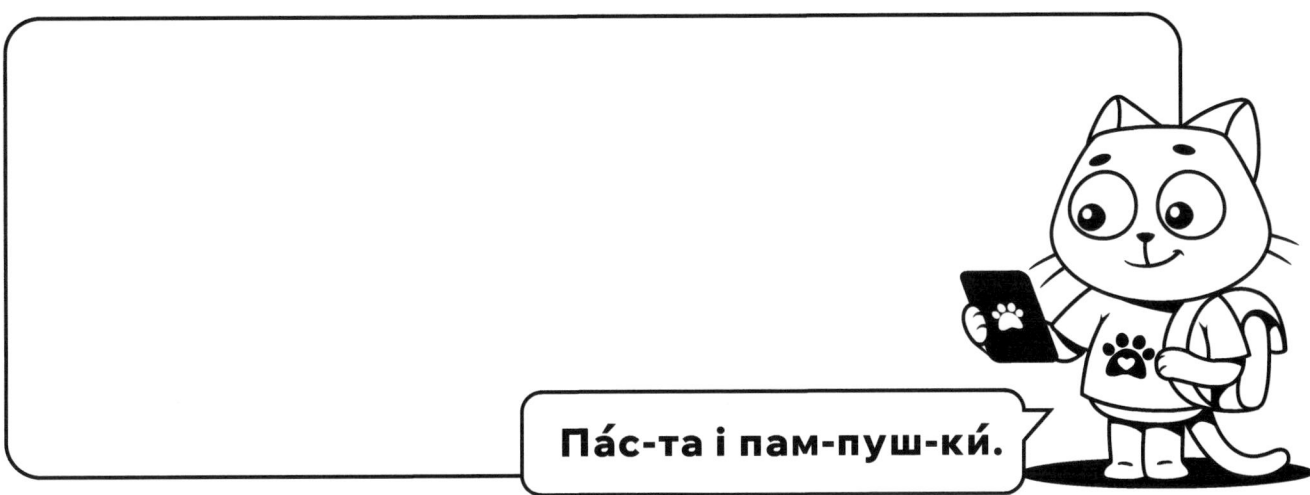

Па́с-та і пам-пу́ш-ки.

🐾 Напиши.

16   16   16   16

🐾 Впиши пропущені числа і розфарбуй кружечки різними кольорами.

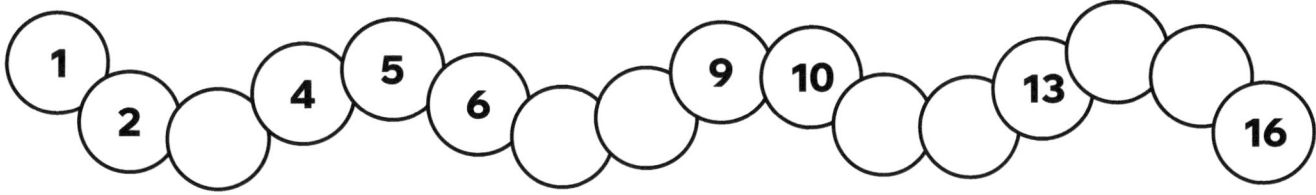

1  2    4  5  6    9  10    13    16

# УРОК 14

Базіл. Українська мова діткам. Робочий зошит

 Наведи пунктирні лінії.

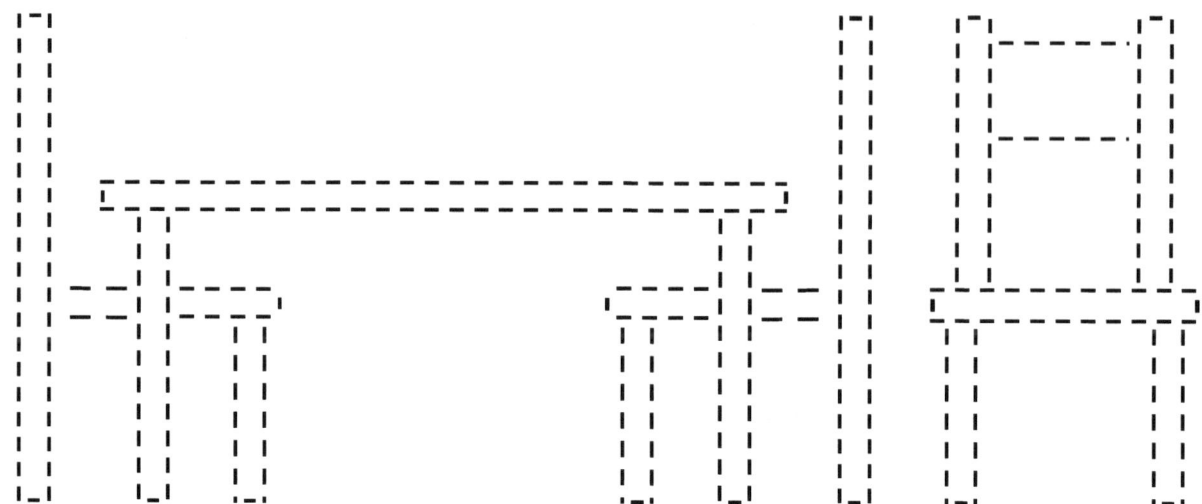

 Напиши букву **Н**.

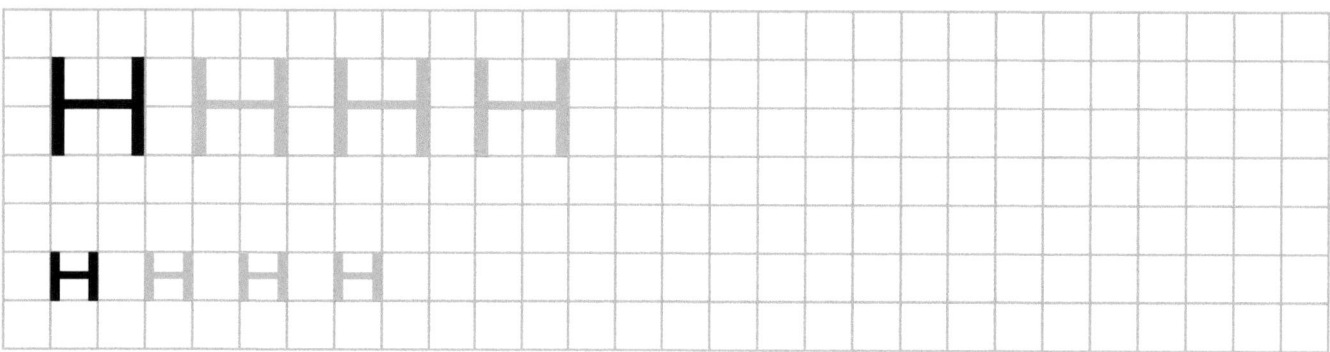

 Перепиши слова.

**КО́НИК** _____

**ПАНА́МА** _____

# УРОК 14

🐾 Встав пропущену букву.

 __Ó-ТА     КО-РÓ-__А     ШТА-__Й

🐾 Напиши.

17  17  17  17

🐾 Порахуй морських коників. Скільки вийшло?

31

# УРОК 15

Базіл. Українська мова діткам. Робочий зошит

 Наведи пунктирні лінії.

 Напиши букву **Л**.

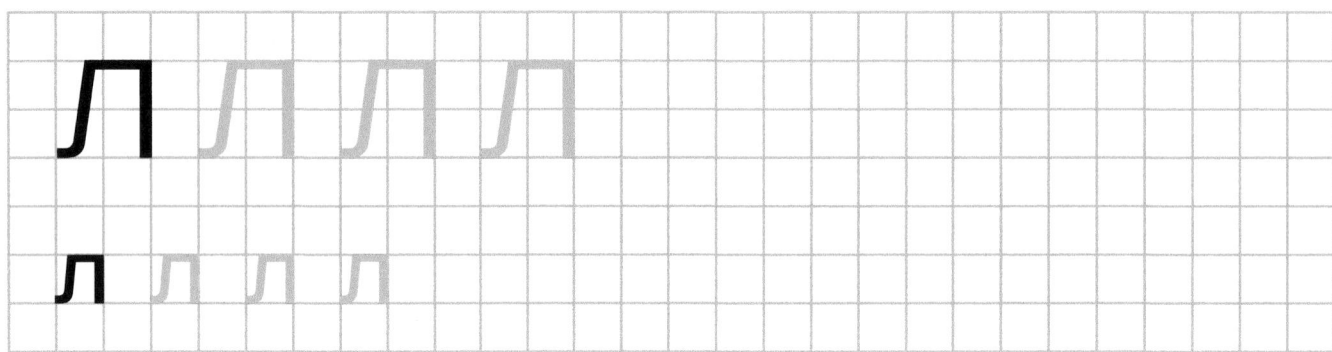

 Перепиши назви продуктів.

 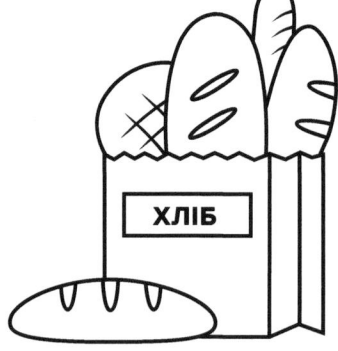 

# УРОК 15

Базіл. Українська мова діткам. Робочий зошит

 Прочитай. Підкресли слова з буквою **Л**.

**Лі́-на і Мі-ла́-на пи-ли́ мо-ло-ко́.**

 Напиши.

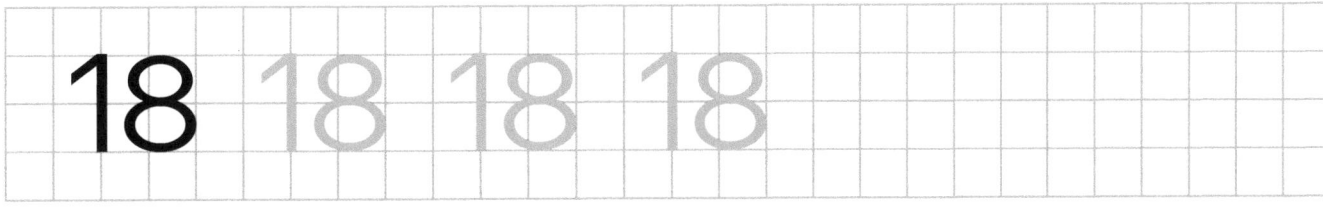

 Домалюй **2** морквини і **7** яєць. Порахуй усі продукти. _____

# УРОК 16

Базіл. Українська мова діткам. Робочий зошит

 Наведи пунктирні лінії.

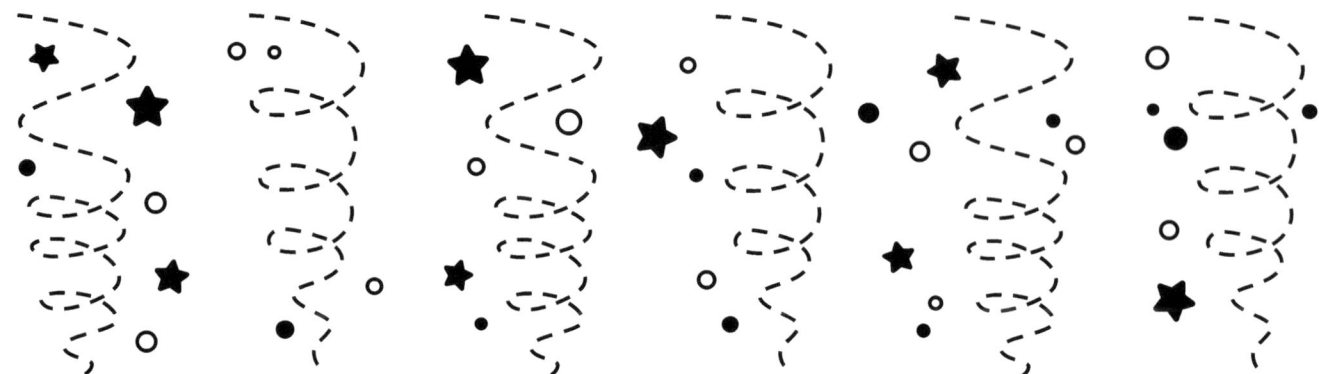

 Напиши букву **В**.

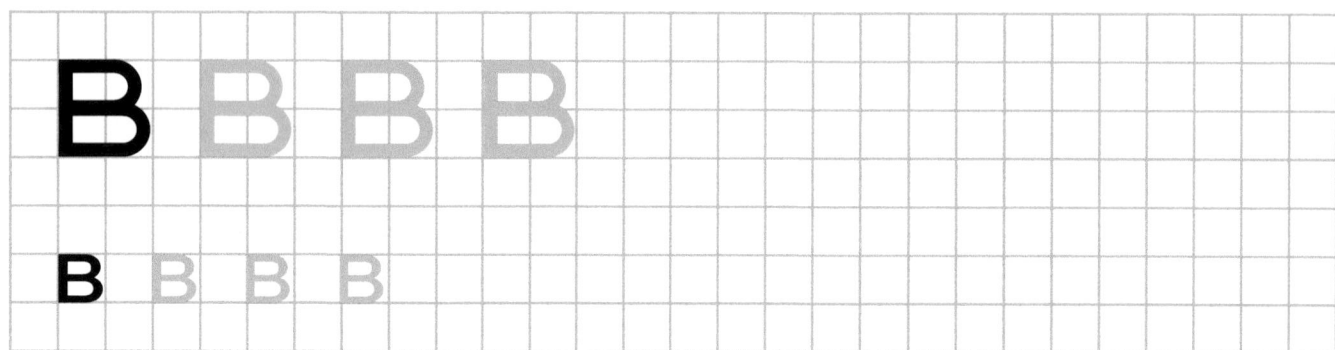

 Збери слова.

-НІ   ВИШ-     -ВА   МО́РК-     -ВУ́Н   КА-

# УРОК 16

Базіл. Українська мова діткам. Робочий зошит

 Прочитай і вкажи стрілочками. Підпиши.

 Напиши.

 Напиши числа від **1** до **19**.

_____

_____

_____

# УРОК 17

Базіл. Українська мова діткам. Робочий зошит

 Наведи пунктирні лінії. Розфарбуй дах **коричневим**, вікна – **синім**, а двері – **чорним**.

 Напиши букву **Е**.

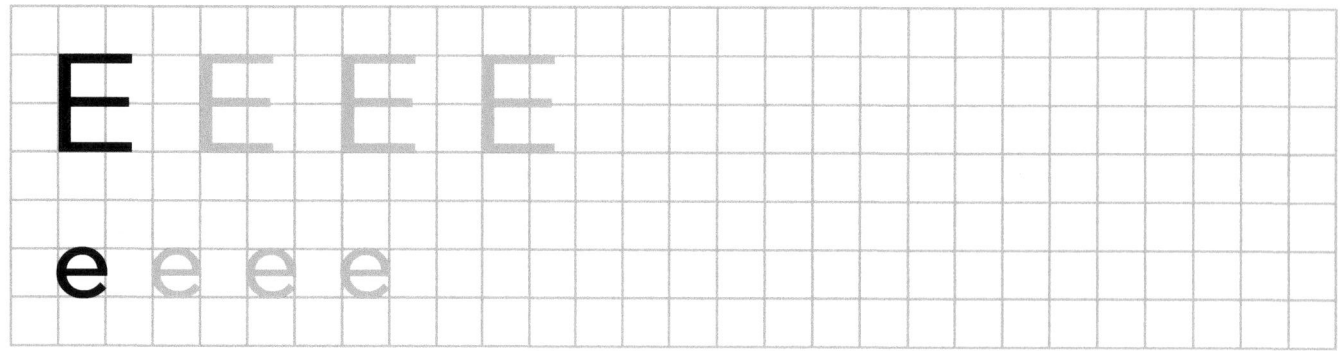

 Прочитай.

**Те́п-ло. Вес-на́. У па́р-ку ма́-ма та Е́мі-лі.**

# УРОК 17

Базіл. Українська мова діткам. Робочий зошит

 Знайди в таблиці назви тварин: СО-БА́-КИ, КО-ТИ́, МА́В-ПИ, КО́-НІ, КУ́-РИ, КРО-ЛІ́.

Скільки тобі вдалося знайти?

1–2 Добре!

3–4 Відмінно!

5–6 Ти чемпіон!

 Напиши знайдені слова.

_____

_____

 Напиши.

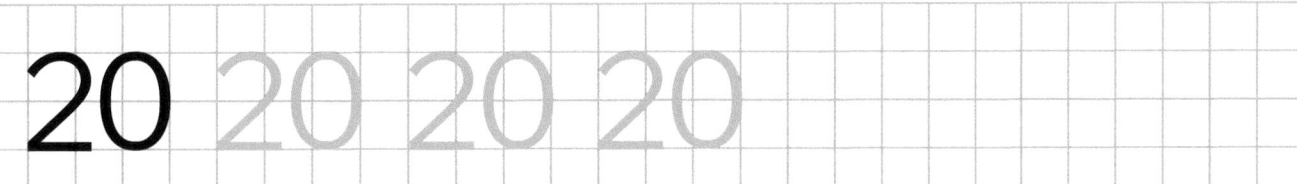

 Порахуй вікна в будинку на попередній сторінці. Скільки вийшло? _____

# УРОК 18

Базіл. Українська мова діткам. Робочий зошит

 Наведи пунктирні лінії та перепиши букви з клавіатури.

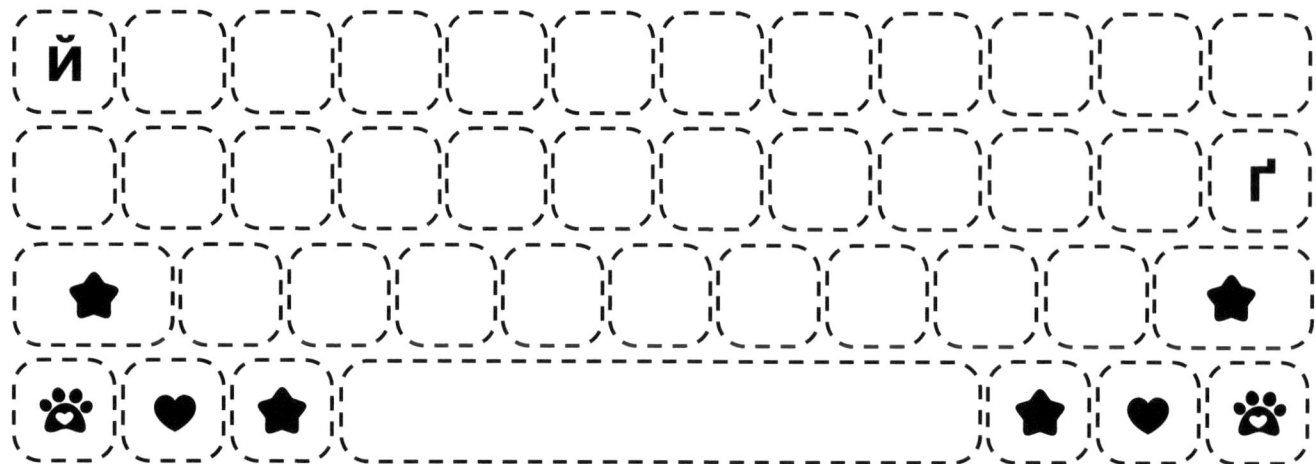

 Напиши букву **Д**.

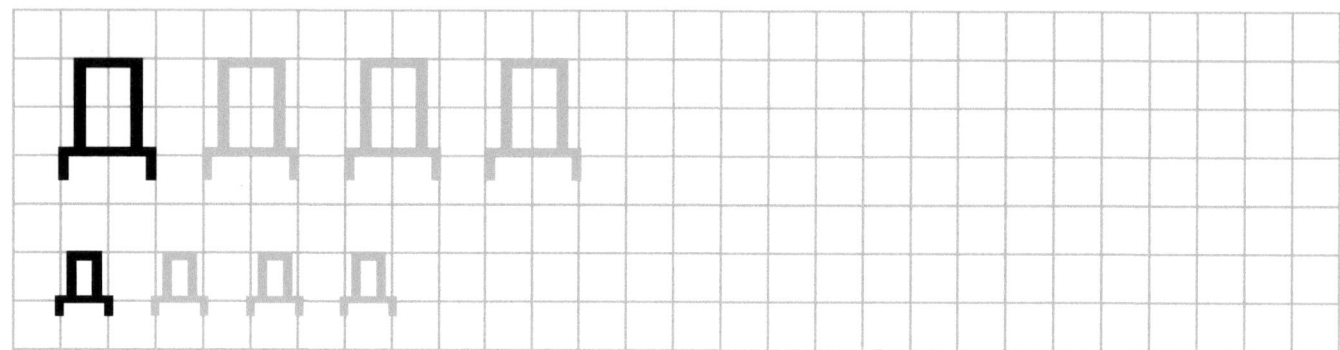

 Впиши букву **Д** і прочитай.

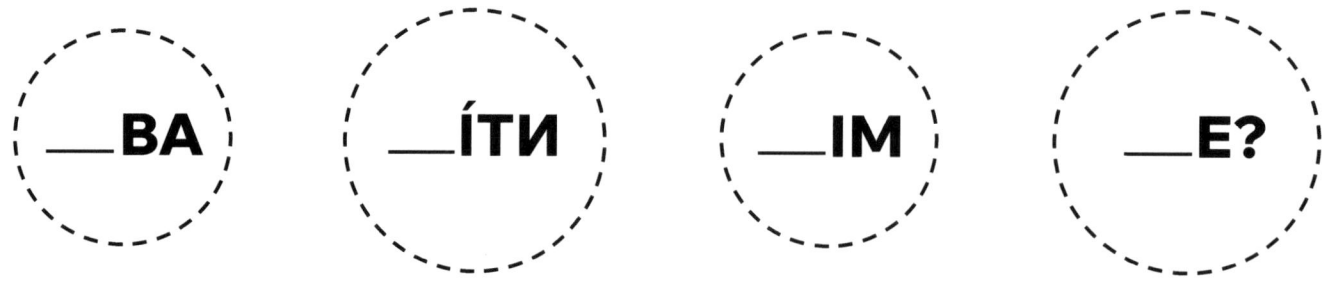

# УРОК 18

Базіл. Українська мова діткам. Робочий зошит

 Впиши пропущені букви. **Де** була Аля?

М__Т-РО́

Т__-А́ТР

А-__-РО-ПО́РТ

РІ-КА́

Р__С-ТО-РА́Н

ПРИ́-ХИС-ТОК

КІ-НО́

 Порахуй сліди на рисунку вище. Скільки вийшло? _____

39

# УРОК 19

Базіл. Українська мова діткам. Робочий зошит

 Наведи пунктирні лінії.

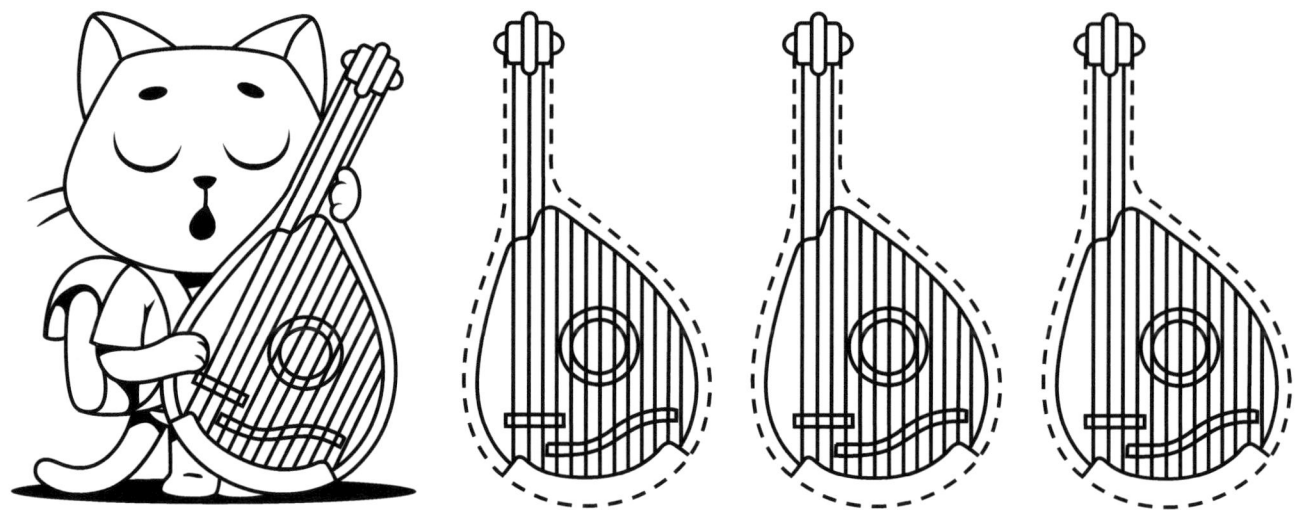

 Напиши букву **Б**.

 Які музичні інструменти на букву **Б** ти знаєш? Напиши.

# УРОК 19

Базіл. Українська мова діткам. Робочий зошит

🐾 Намалюй.

**Ба-на́-ни**

**Ба-ра-ба́н**

**Бу-ла-ва́**

**Ку́-би-ки**

🐾 Напиши числа від **20** до **30**. _____

🐾 Порахуй клавіші піаніно: **чорні**_____, **білі**_____. Усього_____.

# УРОК 20

Базіл. Українська мова діткам. Робочий зошит

 Проведи ведмежатко до жирафи.

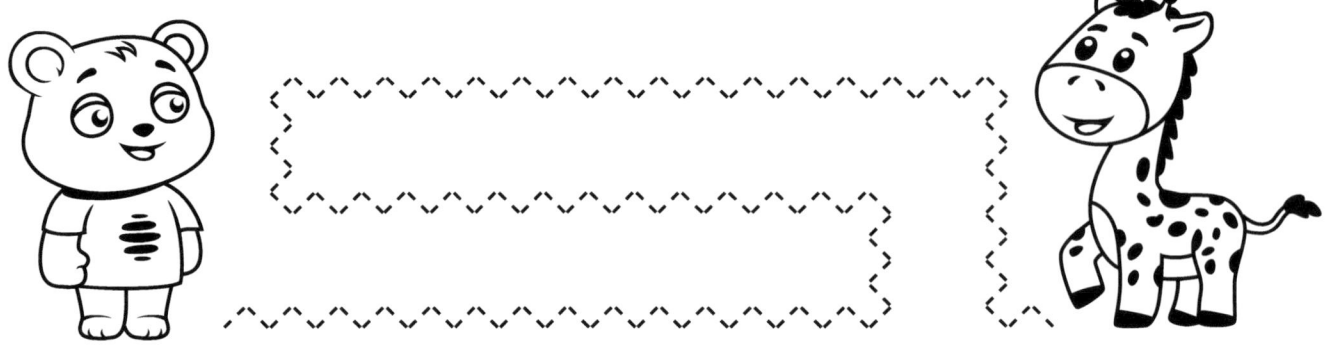

 Напиши букву **Ж**.

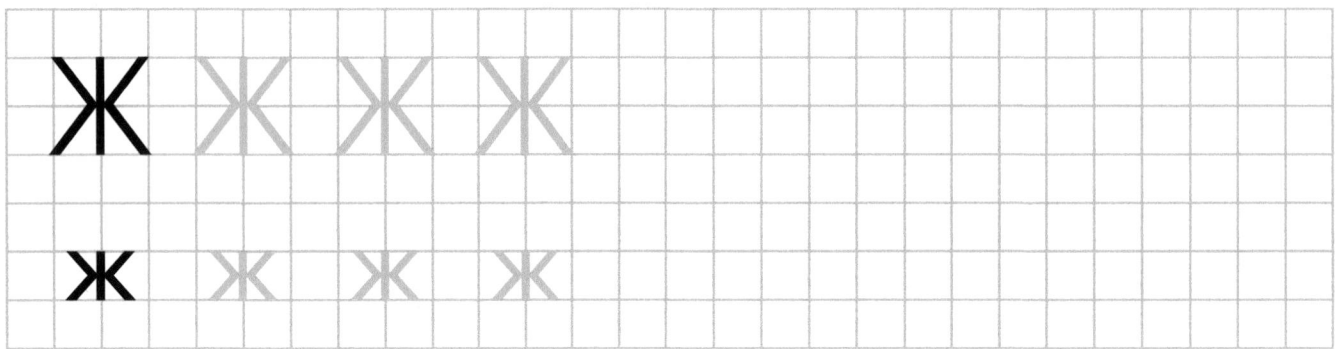

 Підпиши.

_____                               _____

# УРОК 20

Базіл. Українська мова діткам. Робочий зошит

🐾 Перепиши назви річок. Знайди їх на мапі України.

## ДНІПРО́ _____  ДНІСТЕ́Р _____

🐾 Порахуй бджілок. Знайди бджілку з медом.

# УРОК 21

Базіл. Українська мова діткам. Робочий зошит

 Наведи пунктирні лінії.

 Напиши букву **З**.

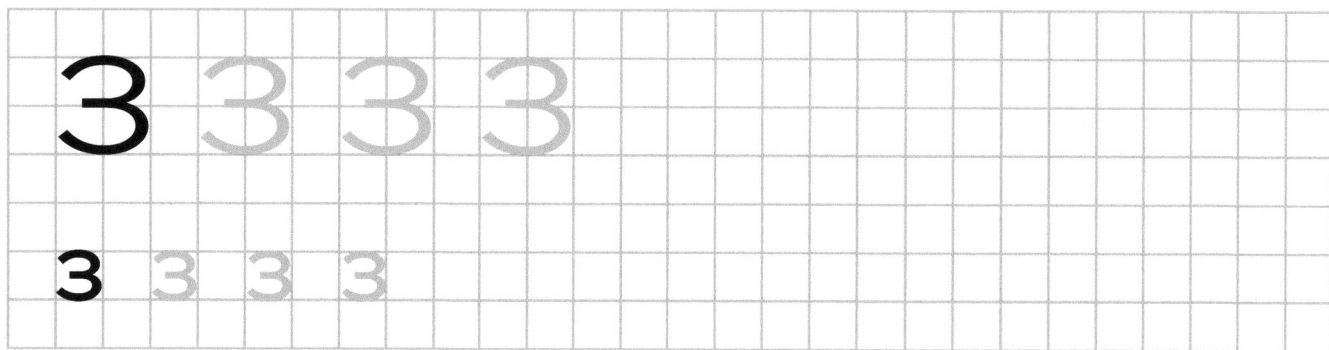

 Перепиши слова.

## ЗІ́РКА _____

## КОЗА́ _____

# УРОК 21

Базіл. Українська мова діткам. Робочий зошит

 Допиши букву, щоб вийшло **БА-ГА́-ТО**.

ва́-за – ва́-з ___         ко-за́к – ко-зак ___

зе́б-ра – зе́б-р ___         зо́-шит – зо́-ши-т ___

 Порахуй динозаврів і зірки. Напиши, скільки вийшло разом. _____

# УРОК 22

Базіл. Українська мова діткам. Робочий зошит

🐾 Наведи пунктирні лінії.

🐾 Напиши букву **Г**.

🐾 Яке слово зайве у кожному рядку?

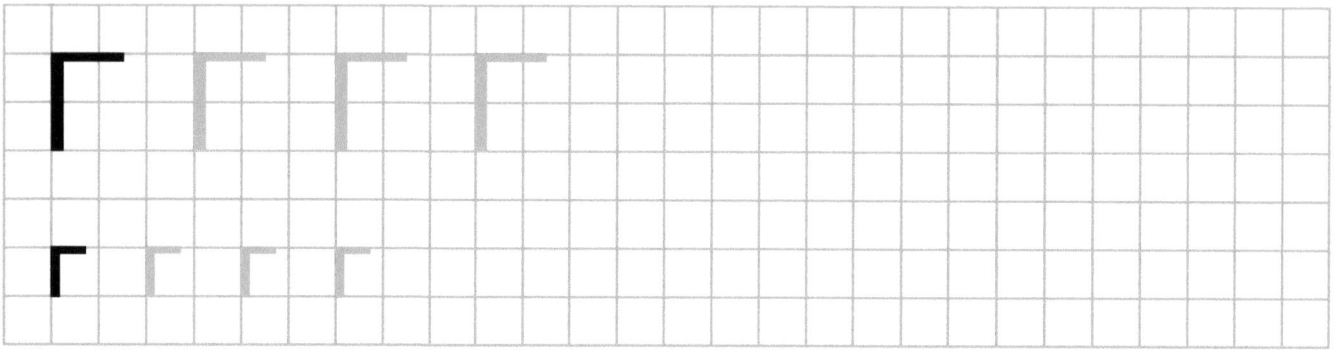

де́-ре-во   гі́л-ка   гніз-до́   жа́-ба

го-ро́х   гри-би́   гу́-си   го-рі́х

і́г-раш-ки   го-ло-ва́   гу́-би   но́-ги

# УРОК 22

Базіл. Українська мова діткам. Робочий зошит

 Підпиши рисунки.

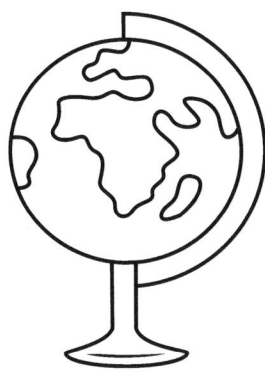

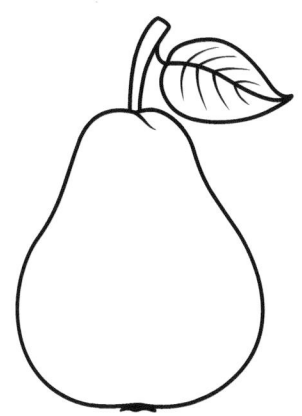

 З'єднай крапочки.

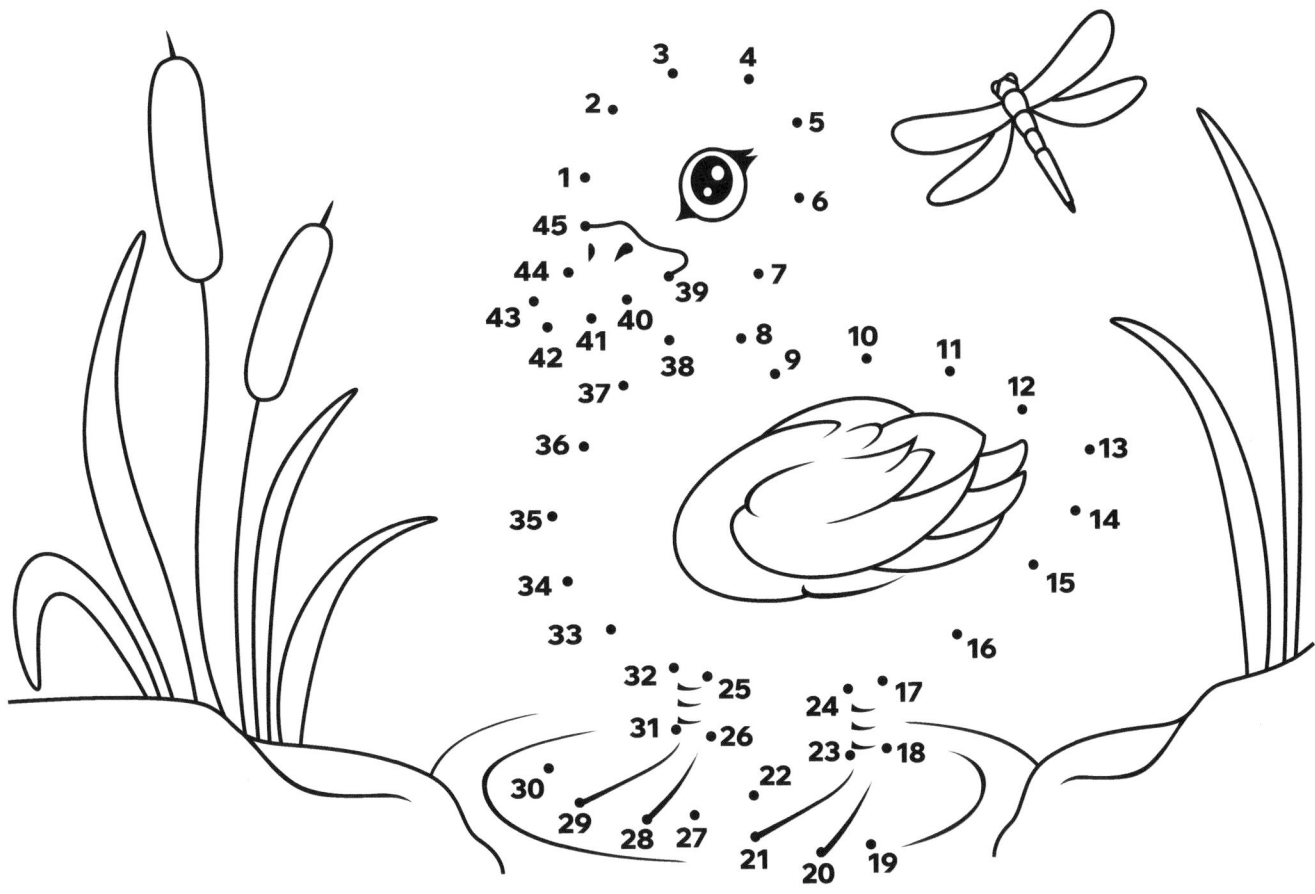

# УРОК 23

Базіл. Українська мова діткам. Робочий зошит

 Наведи пунктирні лінії.

 Напиши букву **Ц**.

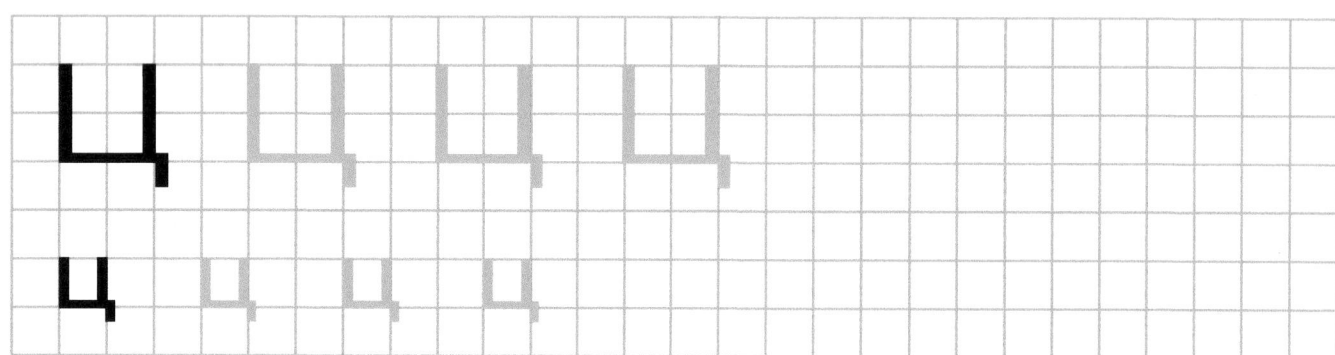

 Напиши, куди зібрався Базіл.

# УРОК 23

Базіл. Українська мова діткам. Робочий зошит

 Прочитай.

 Прочитай номери телефонів.

**Ба́-зіл**
📞 31-46-12

**Лі́-на**
📞 10-48-36

**Га́н-на**
📞 50-19-24

**Мі-ла́-на**
📞 49-17-22

**Дмит-ро́**
📞 11-38-47

**Ро́-берт**
📞 23-17-45

# УРОК 24

Базіл. Українська мова діткам. Робочий зошит

 Наведи пунктирні лінії.

 Напиши букву **Я**.

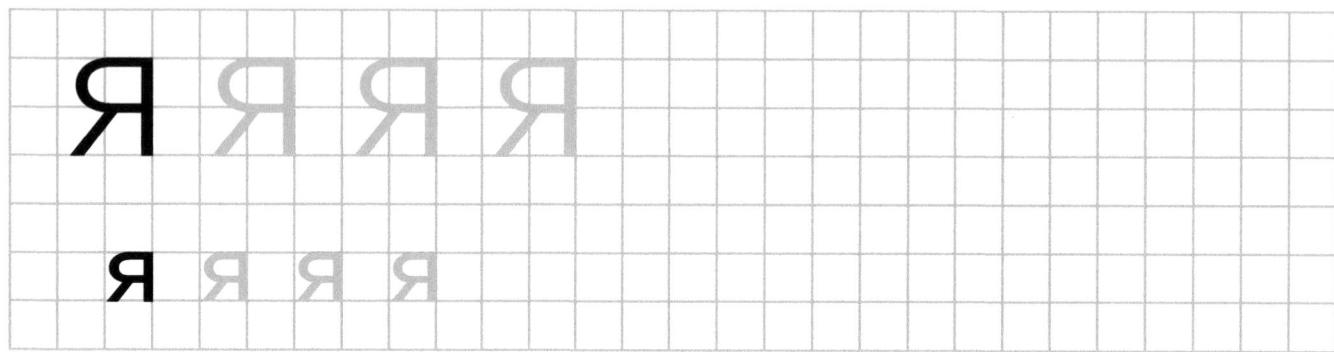

 Підпиши коробки.

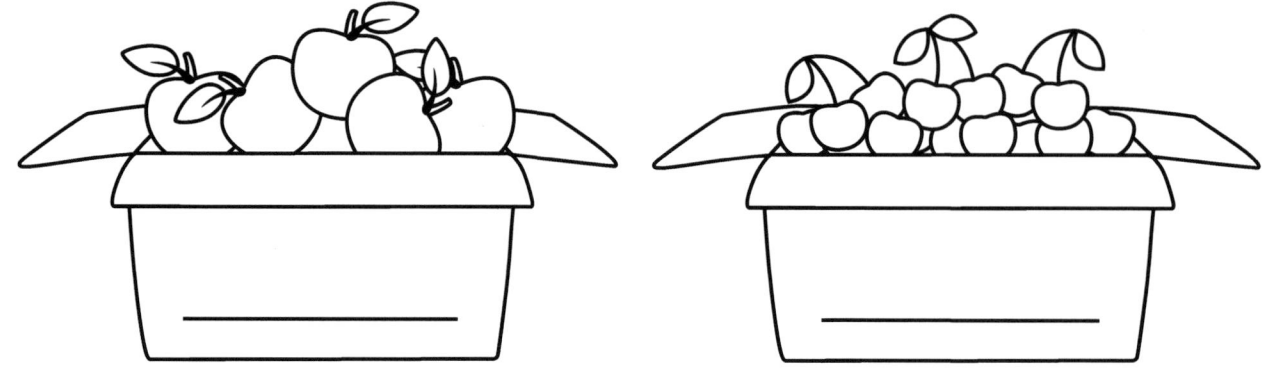

# УРОК 24

Баз іл. Українська мова діткам. Робочий зошит

Прочитай.

Я-ка́ кра-си́-ва я-ли́н-ка!

Я-ка́ яс-кра́-ва!

Прочитай номери вагонів.

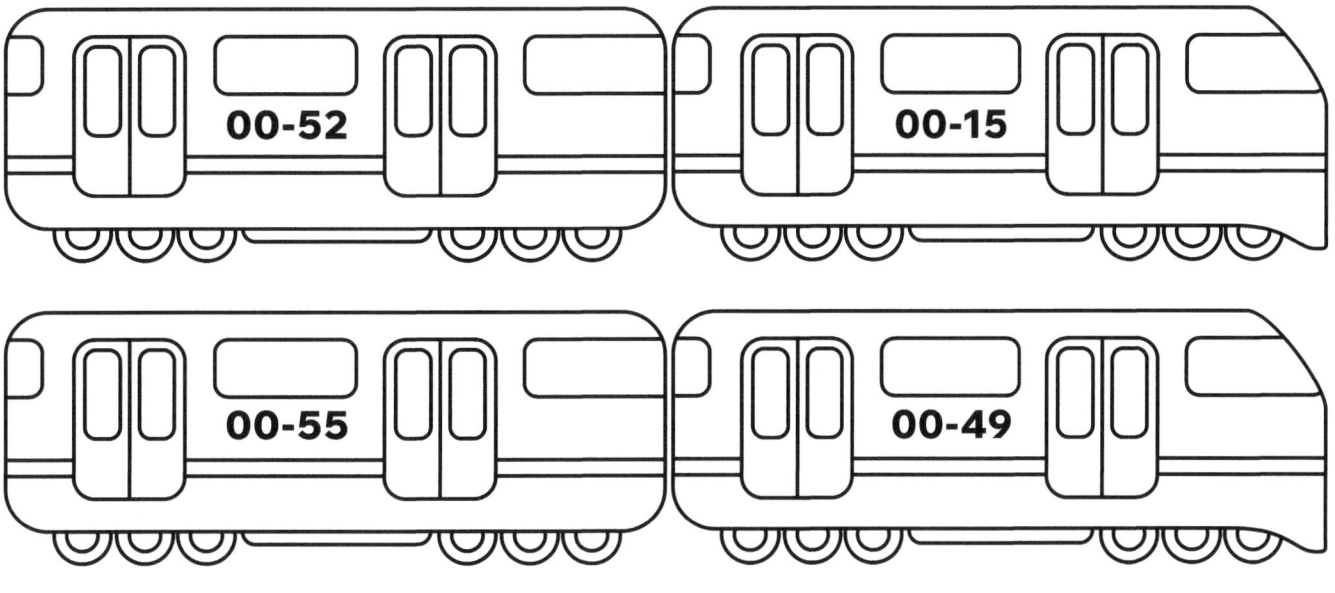

00-52

00-15

00-55

00-49

# УРОК 25

Базіл. Українська мова діткам. Робочий зошит

 Наведи пунктирні лінії.

 Напиши букву **Ф**.

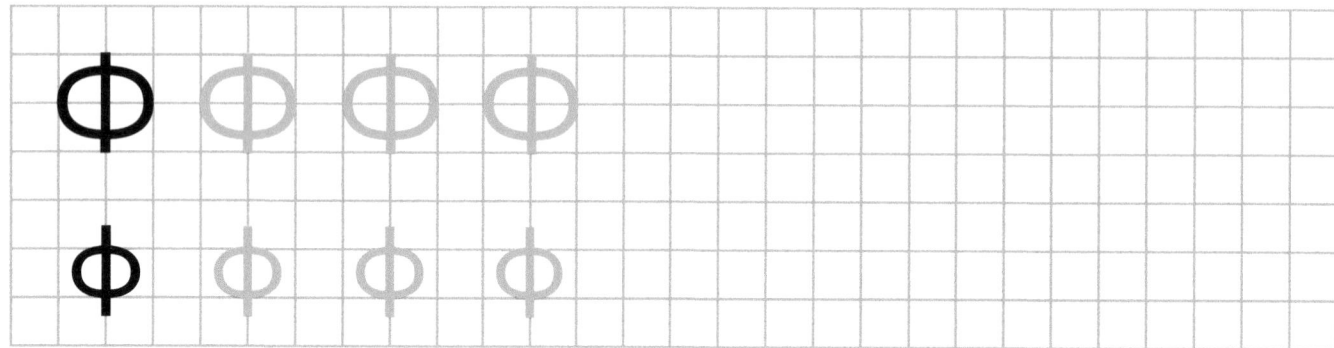

 Підпиши рисунки.

_____   _____   _____

# УРОК 25

🐾 Прочитай. Підкресли слова з буквою **Ф**.

🐾 Прочитай номери на м'ячах. Допоможи футболістові знайти свій м'яч. Укажи стрілочками.

# УРОК 26

Базіл. Українська мова діткам. Робочий зошит

 Наведи пунктирні лінії.

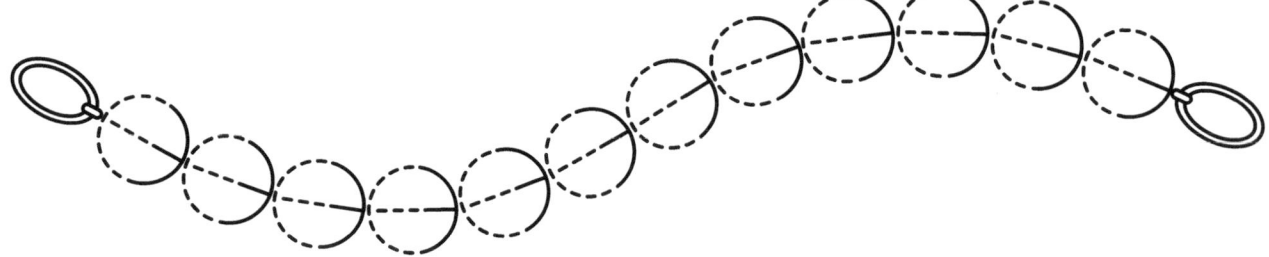

 Напиши букву Є.

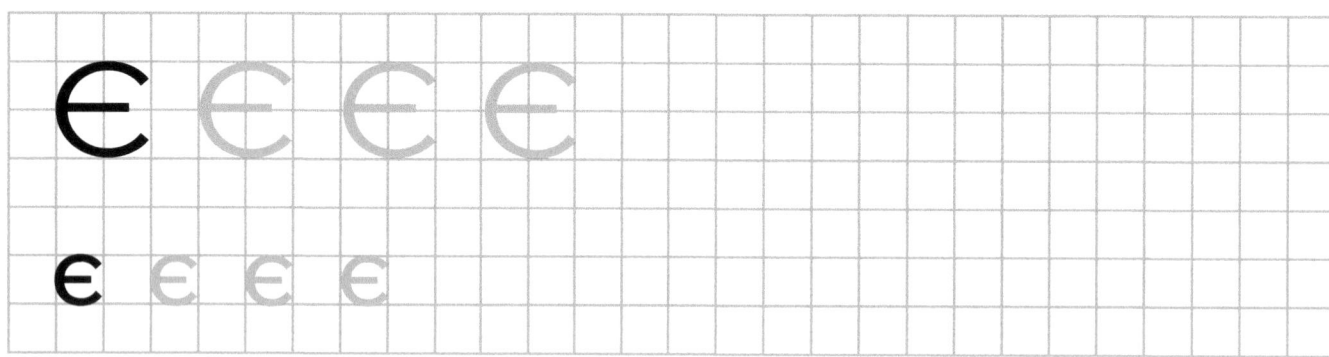

 Підпиши, хто що робить.

# УРОК 26

Базіл. Українська мова діткам. Робочий зошит

 Прочитай і впиши пропущені букви.

У ба-бу́-сі є пе́р-ли, а в А́-лі є к__-р__́-л__ .

 З'єднай книжки у правильному порядку.

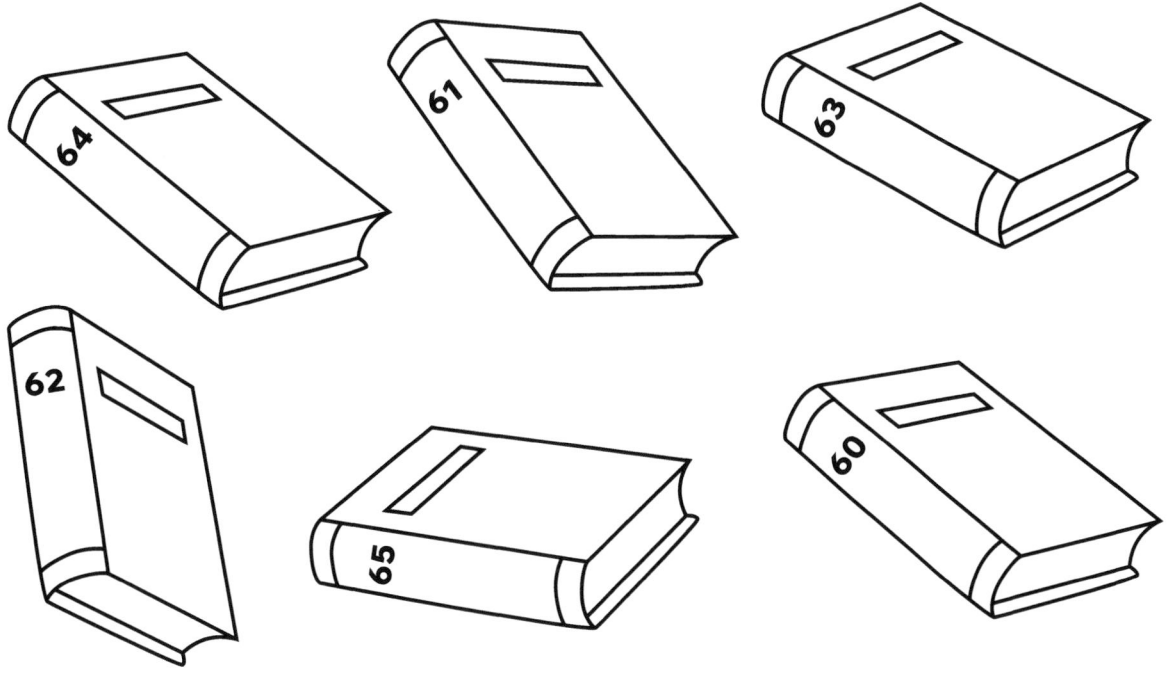

# УРОК 27

Базіл. Українська мова діткам. Робочий зошит

 Наведи пунктирні лінії.

 Напиши букву **Ч**.

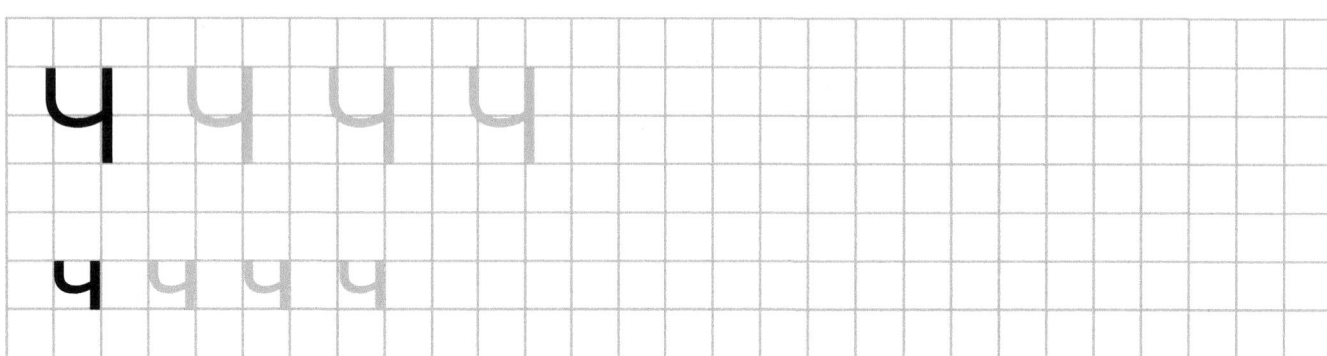

 Наведи слова. Прочитай.

ЧУХ-ЧУХ-ЧУХ!

ЧУХ-ЧУХ-ЧУХ!

ТУ-ТУ-У-У!

# УРОК 27

Базіл. Українська мова діткам. Робочий зошит

🐾 Впиши букву **Ч**. З'єднай слова і рисунки.

__Ó-ВЕН         РУ́__-КА         __АС-НИ́К         __УБ

   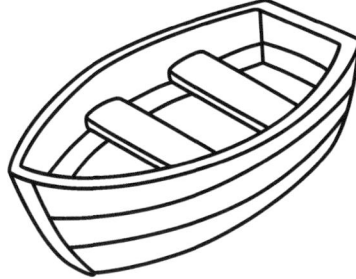

🐾 Розфарбуй взуття: **66** – жовтим, **67** – зеленим, **68** – синім, **69** – червоним, **70** – чорним.

**ЧО́-БО-ТИ**          **ЧЕ-РЕ-ВИ́-КИ**

# УРОК 28

Базіл. Українська мова діткам. Робочий зошит

 Наведи пунктирні лінії.

 Напиши букву Ї.

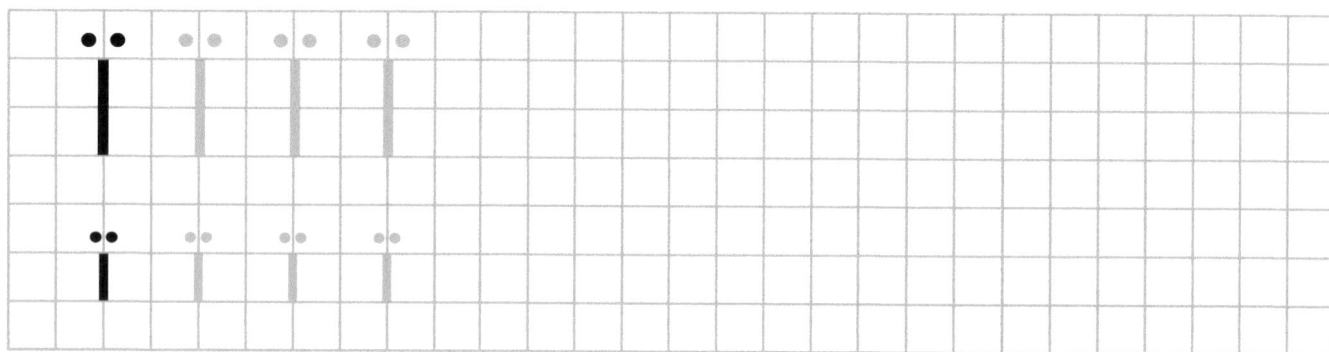

 Перепиши назви.

Міс-то

_____

Кра-ї-на

_____

# УРОК 28

Прочитай.

Ї-жа́к та змі́-ї́ і́-дуть по́-їз-дом у да-ле́-кі кра-ї́.

Як до́в-го і́-ха-ти!

Який напій найдорожчий?

## НА-ПО́-Ї́

| | |
|---|---|
| СІК .................. 69 | ЛИ-МО-НА́Д ........ 71 |
| МО-ЛО-КО́ ........... 73 | УЗ-ВА́Р ............... 72 |
| КА́-ВА ................ 75 | КА-КА́-О ............. 74 |

# УРОК 29

Баzіл. Українська мова діткам. Робочий зошит

 Наведи пунктирні лінії.

 Напиши букву **Й**.

Й Й Й Й

й й й й

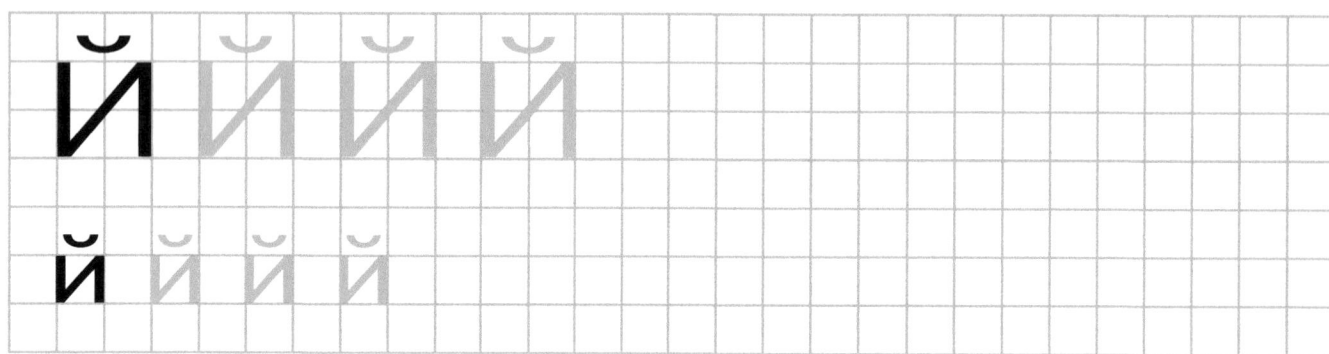 Допиши назви кольорів і розфарбуй лапки.

ЖО́В- _____

КО-РИ́Ч-НЕ- _____

ЧО́Р- _____

ЧЕР-ВО́- _____

СИ́- _____

ЗЕ-ЛЕ́- _____

# УРОК 29

Базіл. Українська мова діткам. Робочий зошит

 Дай відповіді на запитання.

ЯК ЇХ ЗВА́ТИ?

_____

_____

 ЯК ЙО-ГО́ ЗВА́ТИ?  ЯК ЇЇ́ ЗВА́ТИ?

 Назви числа на святкових кульках.

# УРОК 30

Базіл. Українська мова діткам. Робочий зошит

 Наведи пунктирні лінії.

 Напиши букву **Ю**.

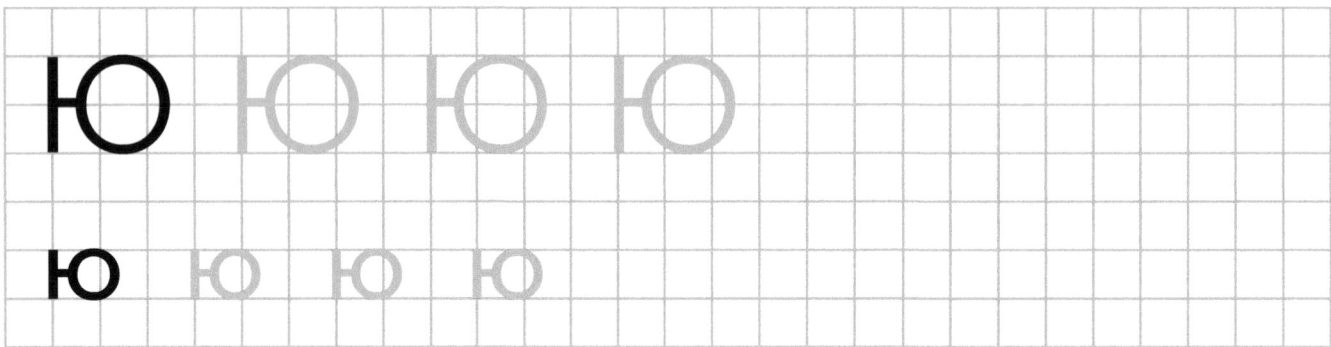

 Що роблять котики?

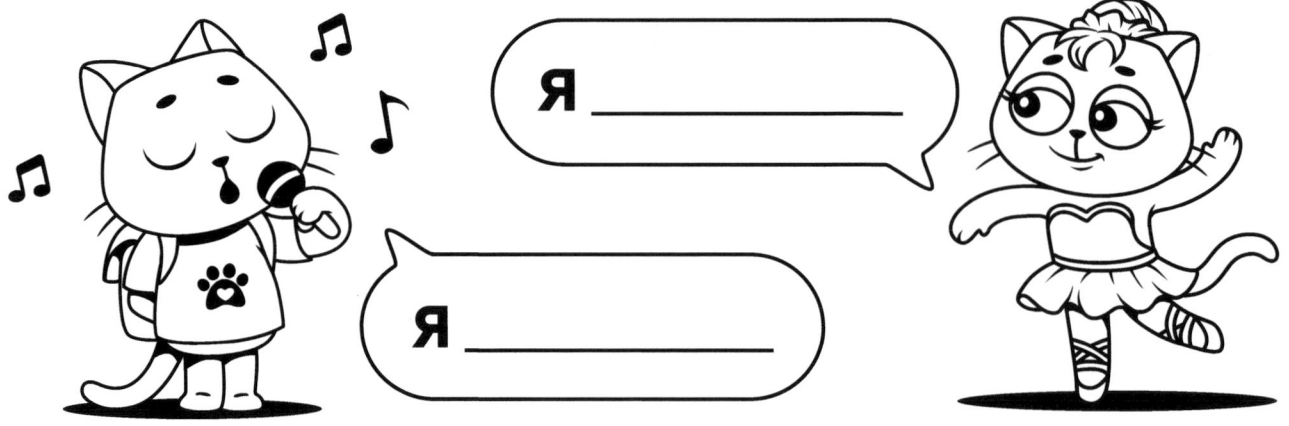

# УРОК 30

Базіл. Українська мова діткам. Робочий зошит

Напиши назву найбільшої планети.

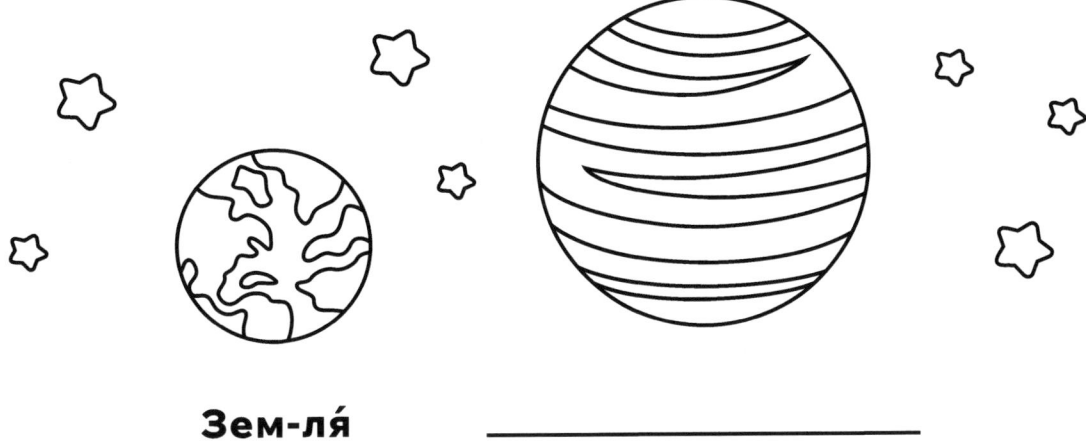

**Зем-ля́** _____

Прочитай і продовжи речення.

**Я ма-лю́-ю си́-ню рі́ч-ку і жо́в-те** _____ .

**Я жи-ву́ на пла-не́-ті** _____ .

Впиши пропущені числа.

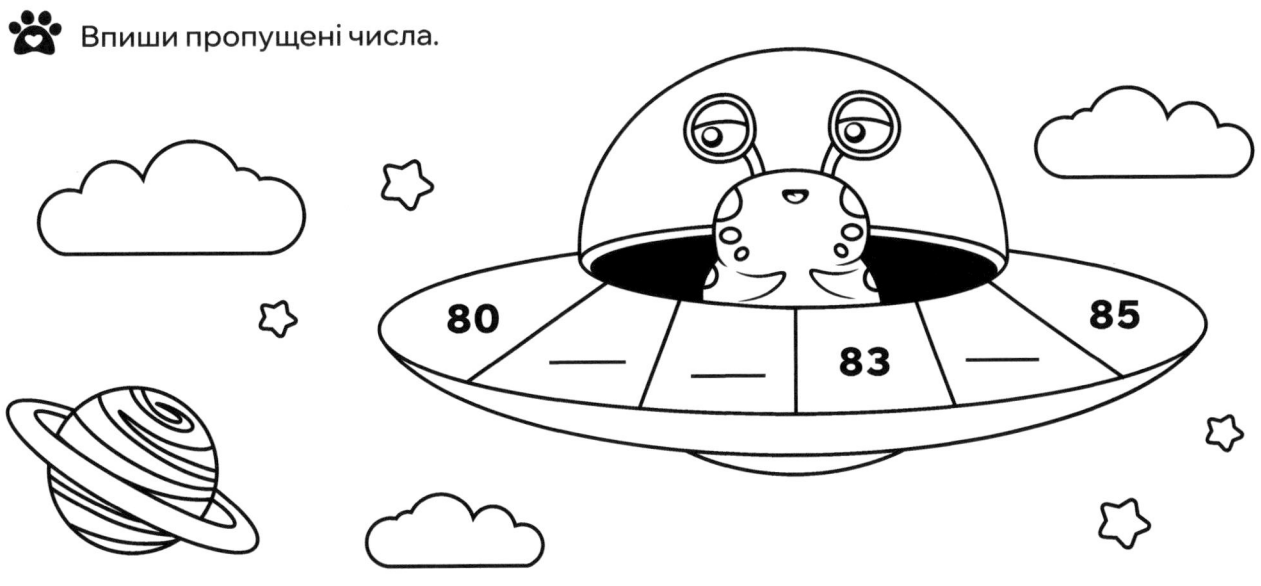

# УРОК 31

Базіл. Українська мова діткам. Робочий зошит

 Наведи пунктирні лінії.

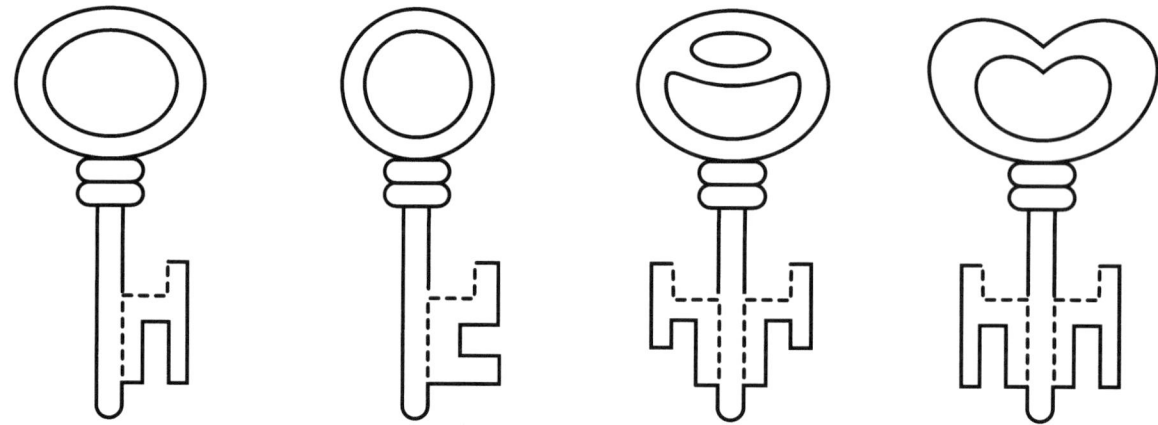

 Напиши букву **Ґ**.

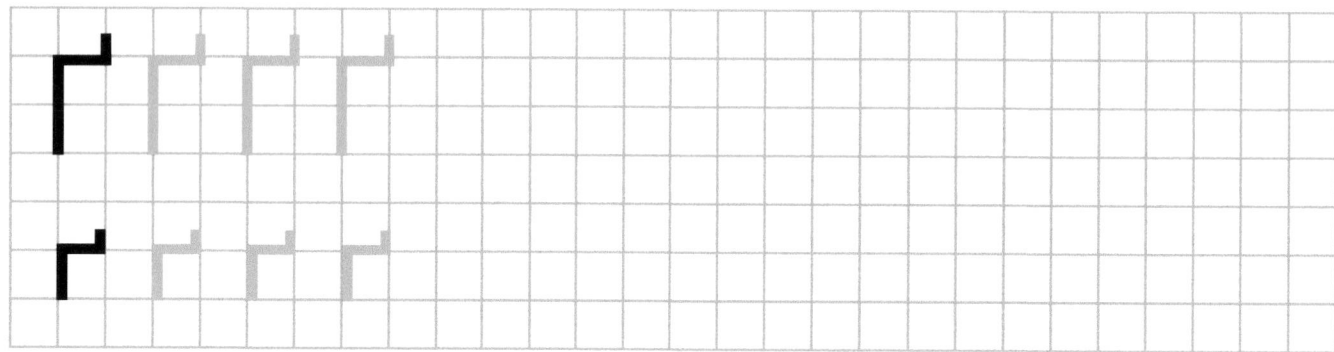

 Знайди однакові **ҐУ́-ДЗИ-К**  і з'єднай їх лініями.

# УРОК 31

Базіл. Українська мова діткам. Робочий зошит

🐾 Прочитай.

**Ві-та́-лій пла́-че. Зла-ма́-ла-ся дзи́-ґа.**

**Та́-то Оле́к-са узяв ґви́нт-ик і по-ла́-го-див її.**

🐾 Напиши, скільки кілограмів ягід зібрала Ганна.

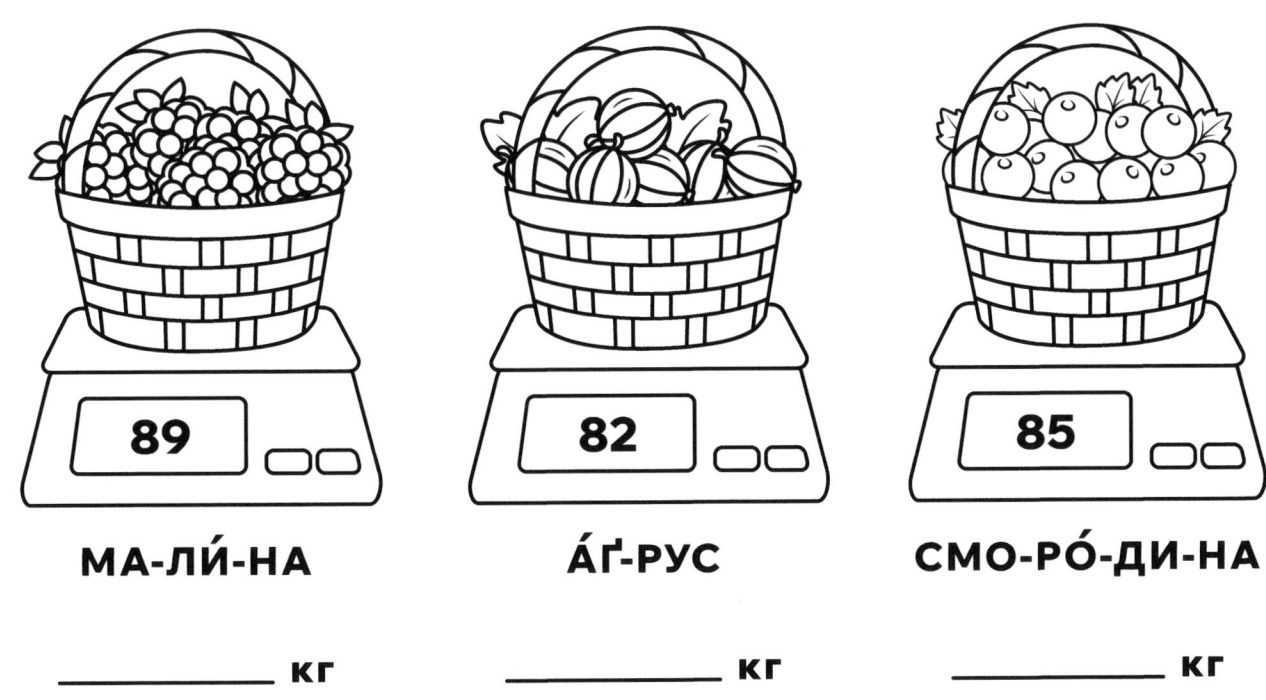

| МА-ЛИ́-НА | А́Ґ-РУС | СМО-РО́-ДИ-НА |

_____ кг          _____ кг          _____ кг

# УРОК 32

Базіл. Українська мова діткам. Робочий зошит

 Наведи пунктирні лінії.

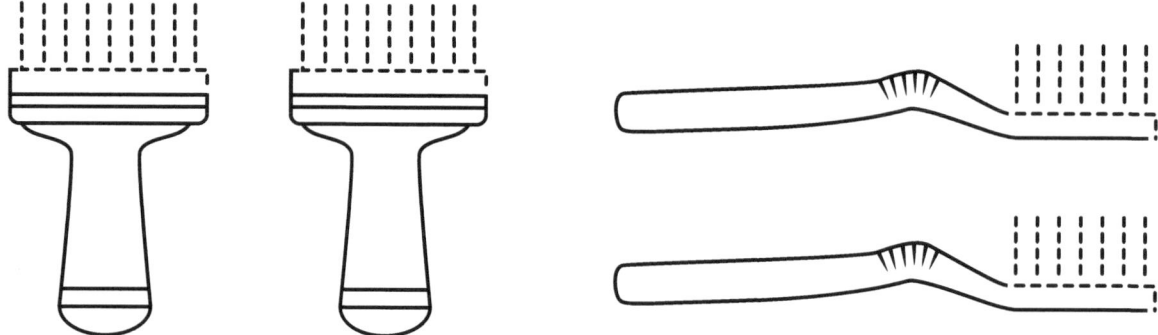

 Напиши букву **Щ**.

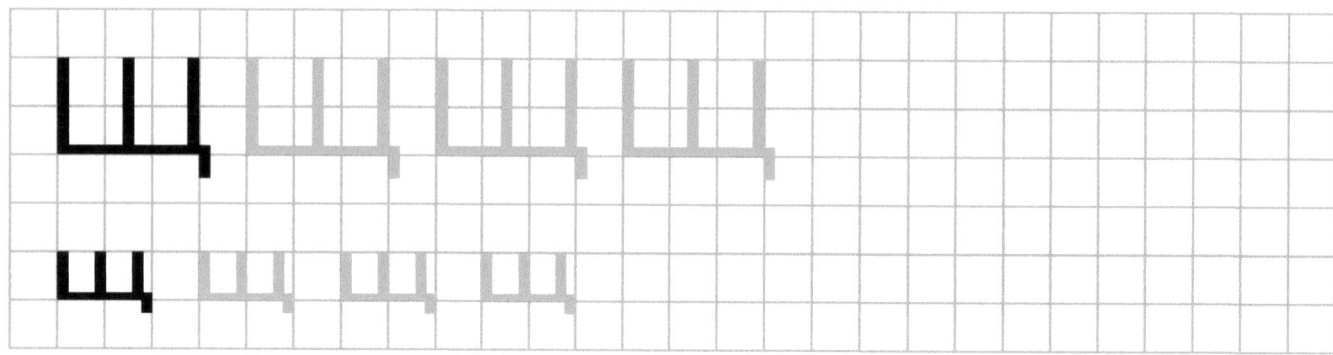

 Які продукти потрібні для борщу?

| БУ-РЯ́К | ТАК |
| --- | --- |
| ГО-РО́Х | НІ |
| МО́РК-ВА | |
| СИР | |
| ШО-КО-ЛА́Д | |
| ЦИ-БУ́-ЛЯ | |

# УРОК 32

 Прочитай веснянку.

Кап-кап-кап...
Кап-кап-кап...

Іди́, іди́, до́-щи-ку,
Зва-рю́ то-бі́ бо́р-щи-ку
Та пос-та́в-лю на го-рі́,
Щоб не з'ї́-ли ко-ма-рі́.

 Скільки літрів фарби в кожному відрі?

СИ-НЯ     ЗЕ-ЛЕ́-НА     ЖО́В-ТА     ЧЕР-ВО́-НА

# УРОК 33

Базіл. Українська мова діткам. Робочий зошит

 Наведи пунктирні лінії.

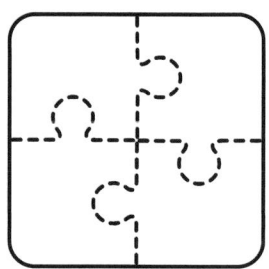 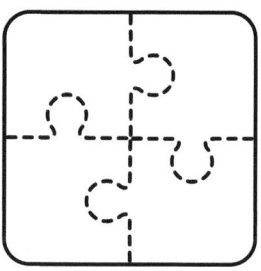 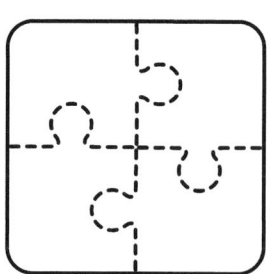 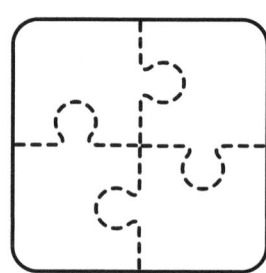

 Напиши букву **ь**.

 На яку букву починається назва кожного рисунка?

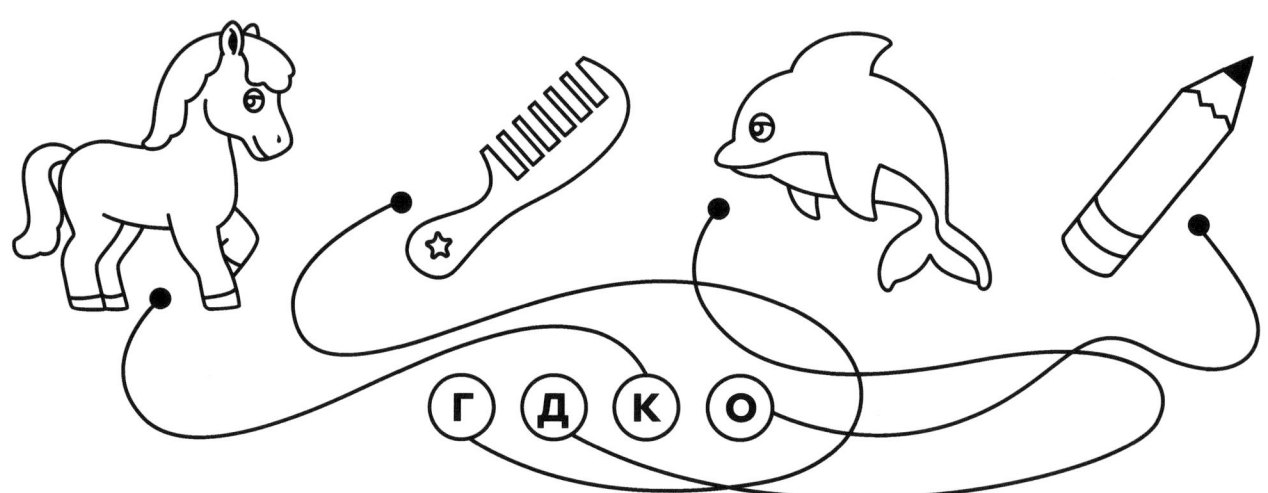

 Перепиши слова.

**ПЕ́РЕЦЬ** _____   **МІ́СЯЦЬ** _____

**СІЛЬ** _____   **КУ́ЛЬКА** _____

# УРОК 33

 Прочитай. Що не так?

**Ля́ль-ка на па́ль-мі, а ту-ка́н у крі́с-лі.**

**Ка́-мінь у не́-бі, а ку́ль-ка на піс-ку́.**

 Скільки кілограмів сміття зібрали **ВО-ЛОН-ТЕ́-РИ**?

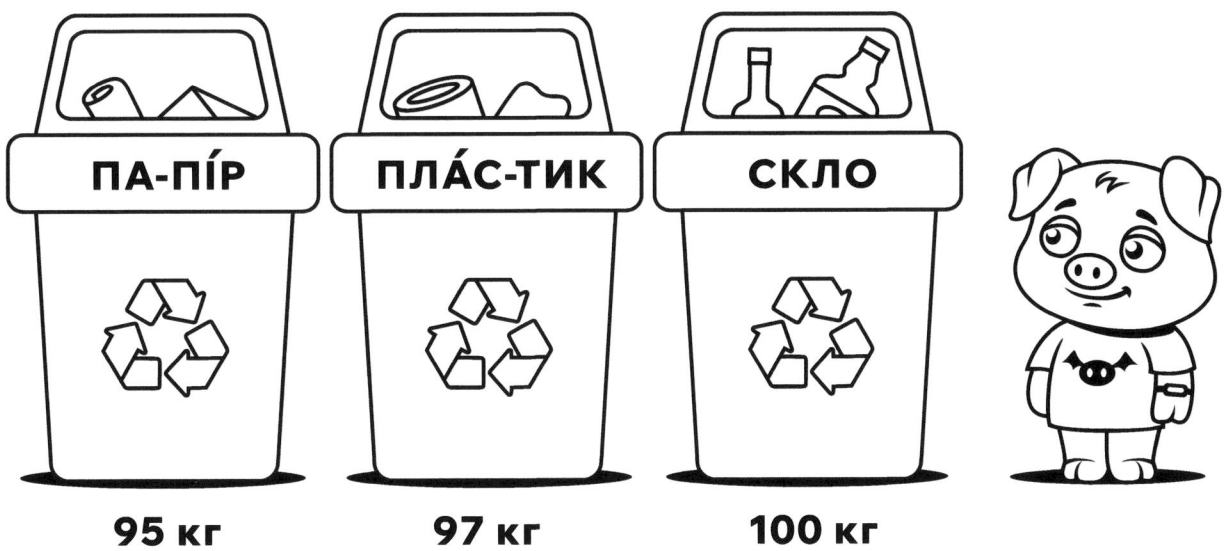

| ПА-ПІ́Р | ПЛА́С-ТИК | СКЛО |
|---|---|---|
| 95 кг | 97 кг | 100 кг |

# УРОК 34

Базіл. Українська мова діткам. Робочий зошит

 Намалюй баранцям кучері.

 Перепиши букви з апострофом.

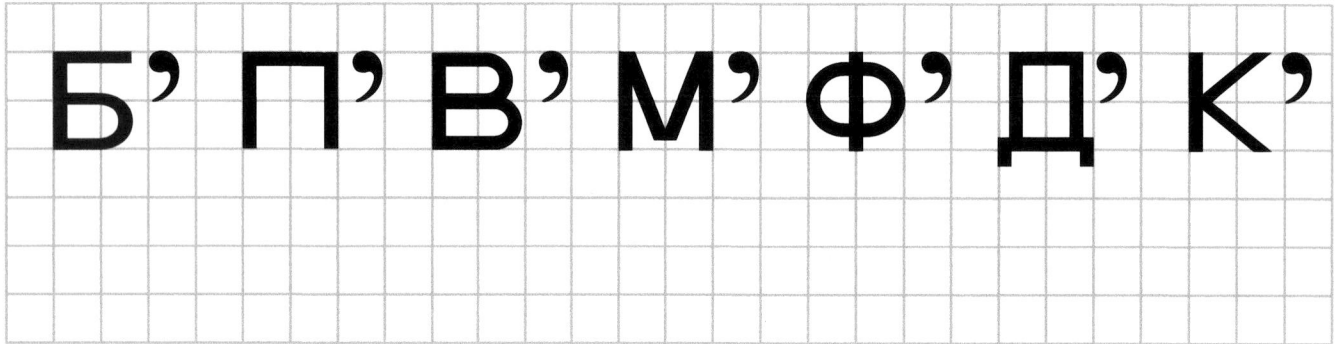

 Обери ім'я хом'яку. Напиши.

# УРОК 34

Базіл. Українська мова діткам. Робочий зошит

 Прочитай і впиши число.

СІМ ☐   ЧО-ТИ́-РИ ☐

СО́-РОК ☐   ДЕ́-В'ЯТЬ ☐

П'ЯТЬ ☐   СТО ☐

 Напиши свою адресу на конверті й розмалюй марку.

і́м'-я́ _____

квар-ти́-ра _____

бу-ди́-нок _____

ву́-ли-ця _____

мі́с-то _____

кра-ї́-на _____

# НОТАТКИ

Базіл. Українська мова діткам. Робочий зошит